MÉMOIRE SIGNIFIÉ

POUR Philippes-Henri le Roy, Seigneur du Prey, de Bracpot, de Lhoir-d'Éperlecque, de Coiselin, de Nort'hout-Oostoucq & de Nort'hout-Weftrove, Confeiller du Roi au Bailliage de Saint-Omer, Défendeur & Demandeur.

CONTRE Cazimir d'Egmont-Pignatelly, Comte d'Egmont, &c. Demandeur & Défendeur.

ET CONTRE Me Jean-François VARLET, Prêtre Curé d'Eperlecque ; les nommés Chrétien-Joseph Roëls, Martin Lampftaes, Antoine-Louis Macrel, Cornil-François Leborgne, Chrétien Hochart, Jean-Charles Vanvincq, Jean-Charles Verquere, & Anne-Thérèse Dewevre, veuve Heban, tous habitans dudit Eperlecque, Défendeurs ; à eux joint M. le Comte d'Egmont, prenant leur fait & caufe & leur garantie.

IL n'eft pas poffible de fe figurer que les conteftations dont il s'agit, foumifes au jugement de la Cour, foient férieufes de la part de M. le Comte d'Egmont ; de la nature qu'elles font & à l'idée qu'elles préfentent, on feroit plutôt tenté de croire qu'il les ignore : jufte, équitable & ennemi des difficultés autant qu'il eft, qu'elle apparence qu'elles foient de fa connoiffance & de fon aveu ! Elles n'ont rien d'ailleurs de réel, rien d'apparent pour lui fur le moindre objet, & rien qui puiffe le flatter, ni l'intéreffer : mais il eft évident que ces conteftations infignes & malheureufes ne font amenées & fomentées que par la fotte vanité, l'ambition & la fatuité des gens d'affaire de M. le Comte d'Egmont, qui fe croient faits pour en impofer, & qu'ils

A

peuvent, fous le nom de leur Maître, nom en effet refpectable, tout entreprendre & tout ofer, fans plus d'égard pour les droits du Seigneur Roi & de fon Domaine, que pour ceux de fes vaffaux, féodaux & Seigneurs voifins.

M. le Comte d'Egmont n'eft qu'engagifte, & même que fimple engagifte de la partie de Domaine au Roi à Eperlecque, connue fous le titre ou la dénomination de Châtellenie; quoique borné à cette feule qualité & qu'il ne puiffe jamais être confidéré autrement que pour un créancier antichréfifte, réduit de toute néceffité à la fimple perception des fruits du Domaine, cependant fes gens d'affaire, par une affectation toute finguliere & ridicule, lui prodiguent hautement & publiquement le titre de Seigneur propriétaire, & non-feulement de la Châtellenie, mais même de tout le Village & de la Paroiffe entière, lui attribuant fpécialement la haute & moyenne Juftice, au préjudice du droit conftant des Seigneurs particuliers du lieu, de leurs titres & de leur poffeffion.

Ce feroit peu encore, s'ils fe renfermoient à cet égard, dans de fimples prétentions; mais pleins de la bonne opinion d'euxmêmes & du pouvoir qui leur eft confié, dont ils mefufent, ils fe portent à toutes fortes de licence & mettent en œuvre les voies de fait, les voies d'autorité des plus odieufes & les plus repréhenfibles, comme l'on aura lieu de s'en convaincre à ce moment, par le récit des faits & des procédures.

F A I T S.

Eperlecque (a) forme un des plus gros Village qui foit en Artois; ce Village eft partagé en plufieurs cantons & en différentes Seigneuries, dont les plus confidérables font au fieur le Roy; trois notamment defquelles il eft ici queftion, font Lhoir-d'Eperlecque, celle-ci furnommée du nom du Village de tous temps & de toute ancienneté, comme en étant la premiere & celle qui en effet y ait mérité toujours le plus de confidération : les deux autres font Nort'hout-Ooftoucq ou Ooftout, & Northout-Weftrove, nonmoins recommandables d'elles-mêmes, comme par le nom qu'elles

---

(a) Eperlecque, ou comme on l'écrivoit & comme on le prononçoit anciennement, *Efplec*, *Efprelek*, eft un Village dans l'étendue du Bailliage de Saint-Omer, à deux lieues nort de cette Ville, fur la droite du grand chemin qui mene à Ardres & à Calais : Ce Village eft remarquable, dit l'Auteur de l'Hiftoire de Calais, *tom. 1. liv. 8. chap. 7.* & l'on a lieu de croire que du temps de Céfar il faifoit une Fortereffe avec Watten, qui n'en eft féparé que de fort peu, à l'autre côté de la riviere d'Aa, pour affurer aux Romains leurs conquêtes dans cette partie de la Morinie : Le même Auteur ajoûte, d'après le Pere Malebrancque, que ce lieu eft célèbre pour avoir été un Gouvernement & le titre d'un Comté à un Seigneur illuftre par fa valeur, appellé Gerard, lequel mérita ce titre & le Gouvernement de CharlesMagne, pour fes fervices. Nous trouvons que Gérard vivoit encore en 845; qu'il tiroit fon origine d'Heremar, un des principaux Seigneurs du Pays, lequel, dans le fiécle précédent, avoit donné à S. Winoc la Terre de Woormhout, pour y fonder une Abbaye, qui fut ruinée par les Normands en 880; Abbaye qui depuis a été transférée à Berghes.

ont donné à une famille ancienne & respectable, (b) qui est allée s'éteindre dans celle de Croy-Drœux : ces trois Terres, ces trois Seigneuries, toutes trois vraiement & essentiellement Vicom-tieres, c'est-à-dire, créées telles d'origine & dans le principe de leur inféodation, comprennent dans leurs tennemens & mouvances, à peu de chose prés, tout le tour & contour du Cimetiere & de l'Eglise ; la premiere, celle de Lhoir-d'Eperlecque, a même cet avantage pardessus les deux autres, de renfermer dans son Domaine tout le terrein de la Place, laquelle Place anciennement formoit un hommage (c) dans sa directe, à dix livres parisis de relief, vingt sols parisis de cambelage & aide coutumier, c'est-à-dire, pareil au relief.

Il appartient au Roi dans ce même Village, un Domaine qui consiste en terres, prés & bois, & dans une Seigneurie : la Seigneurie a pour chef-lieu un vieux Château éloigné de l'Eglise ; ce vieux Château est vraisemblablement ce qui a donné à la Seigneurie le titre, ou la dénomination de Châtellenie ; mais il est important & essentiel de remarquer, que cette Seigneurie n'a rien dans sa directe, * pas seulement la plus mince, la plus legere par-celle de mouvance qui soit contigue ou attenante au Cimetiere, ni à l'Eglise.

*Soit Foncie-
re, soit Vicom-
tiere.

Aussi jamais les Officiers de Sa Majesté, soit au Bailliage de Saint-Omer, soit à la Chambre des Comptes, ancienne de Bruxelles, ou de Lille, n'ont fait état d'attribution du moindre droit hono-rifique attaché à ce Domaine ; & quand cela seroit, il seroit tou-jours certain que les Seigneuries au sieur le Roy, ne pourroient être privées de leurs droits & des attributions qui leurs sont pro-pres & d'essence, suivant la coutume & le titre de leur inféoda-tion.

Comment donc ! les gens d'affaire de M. le Comte d'Egmont, franchissant les bornes de l'ancien engagement de leur Maître, & affectant de détourner les yeux de son titre, ont-ils pu former le dessein de lui attribuer les honneurs de l'Eglise & de la Paroisse d'une maniere aussi décisive & aussi violente que celle qu'ils ont pratiquée, en faisant placer, non un banc, mais trois à la fois, de pleine autorité, dans le nouveau Chœur de l'Eglise d'Eper-lecque, & non encore pour servir à leur Maître, puisqu'il n'est

______

(b) Anne de Nort'hout s'est mariée à Eustache de Croy, premier du nom Eustache ; elle étoit fille unique d'Antoine Seigneur de Nort'hout, Chevalier Baron de Bayenghem, Sei-gneur du Quenoy, Remilly, Clety-d'aval, Plouicq, Vandonnel, à son décès Capitaine du grand Château de Gand, Bailly héréditaire de Termonde, &c.

(c) La preuve de cette vérité résulte de deux titres anciens de la Terre & Seigneurie de Lhoir-d'Eperlecque, dont les extraits sont produits sous la cote I. l'un de ces titres est de 1468, & l'autre d'une époque antérieure encore ; le premier s'exprime ainsi : *Primes, Loys de Salprint, tient ung homage gissant en tout le plache d'Esplecques, qui doit dix livres ps. de relief, xxs. ps. de cambrelage à mort, & à vente le quint denier quant le cas y esquiet, & ayde coustumier quant le cas y esquiet.* L'autre est conçu à peu près dans les mêmes termes : *Primes, Engueran de Salprint, tient ung homage gisant en tout le plache d'Esplecques, qui doit x livres ps. de relief, xxs. ps. de cambrelage à mort, & à vente le quint denier quant le cas y esquiet, & ayde coustumier, &c.*

pas dans le pays, ni dans le cas d'y venir jamais, mais pour eux-mêmes, leurs femmes, enfans & amis? Ils ont même, par un excès de bizarrerie, affecté d'y introduire un tas de gens du Village, la plûpart vaſſaux & ſujets du ſieur le Roy, en dériſion & vrai mépris de ſes droits & des attributions de ſes propres Seigneuries & Juſtices.

Bien plus, c'eſt qu'ils n'ont pas craint, depuis l'inſtance entamée ſur le fait de ces bancs, & nonobſtant une Ordonnance portée par les Officiers du Bailliage de Saint-Omer, qui faiſoit défenſe au Curé de délivrer les clefs des bancs, de faire appoſer à l'un d'eux, l'écuſſon & les armoiries en plein de M. le Comte d'Egmont, ſur quatre pieds de hauteur & quatre pieds & demi de l'argeur; § vraie affiche, ridicule & indécente, ſurtout dans les circonſtances des choſes & l'état des procédures, qui fait bien connoître l'eſprit & le génie de ces Officiers, & les procédés dont ils ſont capables en l'abſence de leur Maître.

§ Cette hauteur & largeur eſt conſtatée par le plan de l'Architecte Mayo, produit ſous la cote B.

M. le Comte d'Egmont n'a rien & ne tient rien du Domaine de la Châtellenie d'Eperlecque, ſi ce n'eſt l'utile & le ſeul utile, ou pour mieux dire, il n'a d'autre droit que dans la ſeule & ſimple perception des fruits: en effet, tout ce qui eſt du Domaine & du haut Domaine de cette Châtellenie, eſt demeuré au Roi, rien n'en a été aliéné, & rien par conſéquent n'eſt paſſé, ni n'a pu paſſer aux auteurs de M. le Comte d'Egmont, qui par une conſéquence juſte exiſte à peine dans Eperlecque. Delà il doit réſulter tout l'odieux des procédés de ſes Officiers & gens d'affaire.

Ce qui eſt Domaine au Roi à Eperlecque, l'eſt du Bailliage de Saint-Omer, & par une ſuite néceſſaire, de l'Artois; c'eſt le point d'une partie relative à ſon tout: art. 2 de la Coutume du Bailliage de Saint-Omer, il eſt dit : *audit Bailliage & Châtellenie de Saint-Omer, le Roi, à cauſe de ſon Comté d'Artois, en ce qui eſt de ſon Domaine, a toute Juſtice, haute, moyenne & baſſe, & tous les droits en dépendans.*

Et en ce qui eſt tenu & mouvant dudit Seigneur Roi, & poſſédé par ſes vaſſaux & féodaux, où leſdits vaſſaux & féodaux ont la Juſtice haute, moyenne & baſſe, alors audit Seigneur Roi appartient tous & tels droits & autorités qui peuvent & doivent appartenir à Souverain & ſuzerain Seigneur en la Terre de ſon vaſſal.

Où leſdits vaſſaux & féodaux n'ont que la moyenne Juſtice, dite Vicomtiere, alors ledit Seigneur Roi, avec les droits de Souveraineté, a la haute Juſtice.

Et où leſdits vaſſaux & féodaux n'ont que la baſſe Juſtice, dite Fonciere, alors.... &c.

Rien de plus exprès, de plus déciſif que ce texte de Coutume; il démontre que le Roi n'entend nullement priver ſes vaſſaux du moindre droit; qu'il leur laiſſe le plein & libre exercice de toutes choſes & dans toute leur étendue: que ſi c'eſt un haut Juſticier, par exemple, qui a tout le fief, ſans ſe trouver en concurrence

avec

[5]

avec un Vicomtier, que pour lors il jouit de la plénitude des droits
dans l'exercice de toute sa Justice, conformément aux dispositions
de l'art. 12 de la Coutume générale d'Artois ; mais que s'il se
trouve un Vicomtier dans le territoire, dès ce moment c'est ce
dernier qui a connoissance du sang & du larron, ainsi que des
autres cas exprimés par les articles 4, 5 & 6 de la Coutume générale, & comme cela se pratique dans toutes les Coutumes qui admettent les Seigneuries Vicomtieres.

L'Artois est un ancien Domaine où l'on rencontre par tout les
traces de l'ancien droit féodal : l'on y distinguoit le Domaine
Royal & les Allœux, lorsqu'à peine la France connoissoit des
loix. Sous la premiere & seconde race, jusqu'à Charles-le-chauve,
les Ducs administroient la Justice au nom du Souverain dans ses
Domaines ; ils avoient sous leurs ordres des Comtés chargés de la
même administration, & sous les Comtés étoient la Jurisdiction
subalterne.

Pendant les regnes de Charles-le-chauve, de Louis-le-begue
& de Charles-le-simple, les Duchés, les Comtés, même les Bénéfices inférieurs, devinrent héréditaires : nos Rois ne confer-
verent dans leurs Domaines que la partie affectée à leur entretien ;
delà l'origne des Fiefs héréditaires, au lieu des Bénéfices à vie
ou à temps ; & delà toutes les Seigneuries & les Justices en sous
ordre.

L'Artois, Domaine intéressant pour nos Rois dans tous les
temps, n'en formoit qu'un anciennement avec la Flandre, dont
Arras étoit la capitale ; * cette Province passa à Bauduin, dit
Bras-de-fer, (d) par le mariage de Judich, fille de Charles-le-
chauve, qui la lui donna en dot, sous la réserve de la foi & hommage à la Couronne de France.

* Abr. chron:
de l'Histoire de
Flandre.

Alors la propriété de l'Artois fut divisée d'avec la Souveraineté.
Cette séparation subsista jusqu'en 1180, que Philippes Duc d'Al-
sace, Comte de Flandre, maria sa niéce & son héritière, Isabelle
de Hainaut, à Philippes-Auguste, & lui donna la propriété de
l'Artois, qui fut réunie à la Souveraineté.

Louis VIII. successeur de Philippes-Auguste, eut l'Artois en

(d) Bauduin, surnommé Bras-de-fer, à cause de son armure & de son courage, gouverna
la Flandre comme Forestier depuis 837 jusqu'en 863, fut ensuite créé Comte de Flandre ; il
en est le premier.

Les Terres & Seigneuries d'Eperlecque que possède actuellement le sieur le Roy, appar-
tenoient, en ces temps-là, aux Comtes de Boulogne, qui les tenoient en fiefs du Comté de
Flandre : Nous lisons qu'un certain *Hernequin* en rendit foi & hommage à Bauduin. *Hernequin*
est un Comte mémorable dans l'Histoire, qui battu & blessé à la vigoureuse défense qu'il op-
posa à la descente des Peuples du Nort en 882 au Port de Wimerue à une lieue de Boulogne,
repassa l'Authie & la Canche, s'en vint au Monastère de Samer, où Berthe son épouse s'étoit
retirée, & étant entré dans l'Eglise y expira sur le marche-pied de l'autel. Hernequin a laissé
un fils nommé *Regnier*, qui s'est rendu odieux aux Boulonnois par ses vexations & ses cruau-
tés, lequel fit tuer un des *Lhoirs*, c'est-à-dire, un des *Seigneurs d'Ordres* ; mais cette action
lui coûta la vie, les enfans de ce Seigneur vengerent la mort de leur pere par celle du Comte,
qu'ils assassinerent une veille de Noël, comme il revenoit de la chasse. On ne voit pas dans
l'Histoire qu'il ait laissé de postérité. *Abregé hist. des Comtes de Boul.*

B

propriété & Souveraineté, & le donna par testament à son second fils ROBERT, sous la réserve de la foi & hommage.

Louis IX. S. Louis, fils aîné de Louis VIII. érigea l'Artois en Comté en faveur de son frere, & s'en réserva l'hommage.

En 1302, l'arrière-petit-fils de Robert d'Artois, contesta ce Comté à Mahaut sa tante; il fut question de sçavoir, s'il devoit être déféré comme Appanage Royal, selon la Loi Salique, aux mâles à l'exclusion des femelles, ou comme patrimoine héréditaire selon la Coutume, (art. 93.) & la question fut décidée en faveur de la Comtesse Mahaut.

En 1329 l'Artois fut réuni à la Couronne par le mariage de Jeanne de Bourgogne avec Philippes-le-long; mais il en sortit une troisiéme fois par le mariage de Jeanne de France, avec un autre Duc de Bourgogne.

Louis XI. s'étoit emparé de l'Artois à titre de conquête; il le céda à l'Archiduc Philippes: depuis la Maison d'Autriche le posséda, mais seulement en propriété; car la Souveraineté en étoit restée à la France.

François I. céda cette Souveraineté à Charles-quint, par le Traité de Madrid: Les Rois d'Espagne depuis l'ont conservée jusques vers le milieu du dix-septiéme siécle. A présent que cette Province est rentrée dans les mains de son légitime Souverain, que tout se trouve réuni, propriété & Souveraineté; il faut dire & il faut en conclure, que tout ce qui a été fait durant l'éclipse, doit être regardé comme non-fait & non-avenu; & cela est certain, le Domaine de la Couronne n'est pas patient des faits & des actes étrangers.

Il est bon d'observer, que dans les temps, les intervalles, où le Comté existoit en Artois, les Comtes engagerent plusieurs fois la partie ou portion de Domaine à Eperlecque; que Philippes-le-bon Duc de Bourgogne, (e) en fit un engagement le 14 Août 1452, en faveur d'Antoine de Croy, (f) engagement que Marie de Bourgogne (g) fit cesser en 1480, pour en former un autre en faveur d'une Dame de Humbercourt, (h) mais que Charles-

---

(e) *Philippes III.* surnommé le Bon, né à Dijon le 30 Juin 1396, porta sa Maison au plus haut degré de gloire, de grandeur & de richesse, gouverna ses États depuis 1419 jusqu'en 1467.

(f) *Antoine, sire de Croy & de Renty*, premier Chambellan du Duc de Bourgogne, fut fait grand Maître de France en 1463, par la faveur du Duc, mourut fort âgé en 1475; il avoit épousé en secondes nôces Marguerite de Lorraine, & de ce mariage furent procréés Philippes, premier du nom, Seigneur d'Arschot & de Renty; & Jean qui a formé la branche des Comtes de Rœux; ce Jean s'est marié à Eléonore de Thiennes, d'où est provenu Eustache, dont on a déjà parlé.

(g) *Marie de Bourgogne*, Duchesse de Brabant, Comtesse de Flandre, née à Bruxelles le 13 Février 1457, gouverna la Flandre & l'Artois depuis 1477 jusqu'en 1482, épousa à Gand le 20 Août 1477 Maximilien, Archiduc d'Autriche, & est morte en 1482 d'une chûte de cheval à la chasse, âgée de vingt-six ans; laissa pour successeur son fils Philippes, lequel fut pere de Charles-quint, né en 1500.

(h) *De Humbercourt*, Antoinette de Rembures, épousa Guy de Brimeu, Comte de Meghe quint à son tour fit également cesser pour en former un troisiéme du 22 Février 1518, au profit du Duc de Sarre Marquis d'Arschot, moyennant la finance de vingt mille florins d'or. (i)

Il est essentiel ici de remarquer, que ce troisiéme engagement par Charles-quint, fut bien différent de ceux qui l'avoient précédé ; ceux-là sembloient frapper sur le haut Domaine & sur tout ce qui y étoit relatif ; il y étoit dit : *tant en Justice haute, moyenne & basse, maisons & édifices, terres, prés, bois, garéne, censes, rentes, fiefs, arriere-fiefs & hommages, &c.*

Mais Charles-quint plus exact, plus attentif & mieux instruit, ne voyant & n'appercevant en lui qu'une qualité de Comte pour l'Artois, & par conséquent qu'une propriété & vassalité, se garda bien d'engager & de concéder autre chose du Domaine d'Eperlecque, que le simple utile : .... *cédons, délaissons* (porte l'engagement qu'il fait) *à notre cousin le Duc de Sarre, pour lui, ses hoirs, successeurs & ayant causes, notredit Châtel, Terre & Châtellenie d'Eperlecque, avec nos bois, que l'on dit de Beaulo, & y appartenans, assis en notredit Comté d'Artois, les appartenances & dépendances d'iceux ...... sauf & réservé,* est-il ajouté, *à Nous & à nosdits hoirs & successeurs, les foi-hommages, ressorts & Souveraineté des choses dessus dites, &c.*

Rien de plus simple que cet engagement, & rien de plus exprès, de plus formel, que la réserve qui y est portée ; Charles-quint a fait voir par-là, qu'il étoit instruit, & n'entendoit aucunement compromettre les droits de la Couronne de France, mais se renfermer au contraire dans les bornes d'une juste concession, c'est pourquoi il ne touche en aucune sorte au haut Domaine, ni à rien qui y ait trait : il se garde bien plus encore de rien inféoder, mais il borne & restraint tout à une simple jouissance, à une simple perception des droits utiles & ordinaires.

Le titre en effet, n'énonce rien de plus : l'on sçait qu'en ces matieres, tout est de rigueur & de droit étroit ; oui, c'est ici principalement que ces maximes sont consacrées : *Quod expressè non datur, negatur. Qui de uno dicit, de altero negat. Inclusio unius est exclusio alterius.*

Au surplus, il est certain que Charles-quint n'auroit pû, quand il l'auroit voulu, donner à son engagement, en faveur du Duc de

ou Meghem, Seigneur de Humbercourt ; de ce mariage est provenue Lamberte, qui épousa Fery de Croy, Maître d'Hôtel de Charles-quint, Gouverneur de l'Artois, Bailli & Capitaine de Saint-Omer, & de leur mariage fut procréé Adrien, mort en 1553, Bailli & Capitaine dudit Saint-Omer.

(i) Le florin étoit fort en usage en ce temps-là dans le commerce ; cette monnoie a tiré sa dénomination, soit de la Ville de Florence où les premiers furent battus, soit parce qu'ils portoient l'empreinte d'une fleur ; il y avoit le florin d'or & le florin d'argent, celui d'or valoit vingt sols tournois, & le florin d'argent douze ; ensorte que la finance que Charles-quint tira de son engagement, fut donc de vingt mille livres ; mais la coupe seule des bois de Beaulo rapporteroit annuellement cette somme, & sur tout aujourd'hui, si ces bois étoient en bonne régie ; le fait est certain, à cause de leur débouché par eau pour les Villes de Saint-Omer, de Bergues, Bourbourg, Dunkerque, Gravelines & Calais.

Sarre, une extenſion au-delà de l'utile : il n'étoit, comme on l'a dit déjà, que Comte d'Artois en 1518, vaſſal par conſéquent de François I. comme Comte d'Artois & vaſſal, il ne pouvoit ſe jouer de ſa propriété, ni rien en démembrer, & encore moins rien en inféoder.

Nous tenons pour maximes de l'Etat, que les fiefs de dignité, qui ſont dans l'immédiat de la Couronne, n'éprouvent jamais de partage pour cauſe volontaire, ni forcée, n'étant nullement au pouvoir des vaſſaux de s'en jouer, à cauſe du grand intérêt de la Couronne & de l'Etat ; mais ces fiefs doivent perpétuellement demeurer dans toute leur intégrité & leur eſſence primitive.

Le Domaine de la Couronne & tout ce qui y touche, eſt tellement inaliénable en France, que même nos Rois ne ſauroient rien en diſtraire : c'eſt ce que Me. Charles Dumoulin nous enſeigne ſur la Coutume de Paris, au tit. 1. §. 3. gloſſ. n. 16 & 18. où il dit : *Sed quia Rex ipſe, tantâ dignitate pro tempore fungens, non poteſt illud alienare, nec diminuere, nec expropriare...... & eâdem ratione non poteſt Rex abdicare totam adminiſtrationem Juriſdictionis, ſeu poteſtatis Regiæ, etiam quoad aliquem locum, vel aliquam perſonam regni.*

Auſſi remarquons-nous, que François I. après le Traité de Madrid, recevant à Bayonne les Ambaſſeurs d'Eſpagne, leur déclara nettement, qu'il ne pouvoit aliéner ſes ſujets du Duché de Bourgogne.

Si nos Rois ne peuvent donc aliéner leurs ſujets, combien moins leurs vaſſaux & hommagers pourroient ils ſe jouer de leurs fiefs ? Tout ce qui tient immédiatement de la Couronne, eſt dans la plus étroite & la plus néceſſaire dépendance.

Ces vérités ont été avouées & reconnues de touſtemps, juſques-là même que Louis XI. qui regnoit en 1465, les conſacra par une Loi, Loi qui en rappelle même une autre qui l'a précédée : les motifs de la Loi portée par Louis XI. ſont trop touchants, trop remarquables pour n'être pas rapportés ici ...... *Il eſt arrivé que ſous prétexte que les gens de trois Etats ont introduit entr'eux par quelques Coutumes, que le vaſſal peut ſe jouer de ſon fief juſqu'à démiſſion de foi ; ce que l'on a voulu étendre à ces choſes qui ſont tenues de Nous immédiatement ; à quoi notre Procureur-Général s'eſt toujours oppoſé & l'a empéché autant qu'il lui a été poſſible, s'étant fondé ſur ladite Ordonnance, (celle ancienne) & ſur la régle générale, que les droits de notre Couronne demeurent toujours entiers ; mais que loin que cette Ordonnance & les inſtances de notre Procureur-Général ait dû arréter tels abus, nous ſommes avertis que ce mal va croiſſant ; que ſi le cours n'en eſt arrété, verrions dans peu de temps la perte de l'un des plus beaux droits de notre Couronne, qui ſont les hommages & droits de vaſſalité & vaſſelage.... car il arriveroit que le fief duquel nous n'aurions qu'un hommage, notre vaſſal en aura ſix & ſept, qui produiront contre toute équité des effets contraires à l'obſervance des fiefs &c.*

Il ne faut pas douter que Charles-quint n'ait été inftruit de ces Loix, & plus frappé & touché encore des vérités qui leurs donnoient l'être; auffi fe garda-t-il d'y contrevenir par fon engagement en 1518, en faveur du Duc de Sarre; ni en 1521, lorfqu'il fubrogea le Comte de Meghe aux droits du premier; ni même en 1525, quoiqu'après le Traité de Madrid il foit devenu Souverain de l'Artois: mais en Prince fage, en habile politique, il préféra laiffer l'engagement de la Châtellenie d'Eperlecque tel qu'il l'avoit formé & tel qu'il eft refté jufqu'aujourd'hui.

En 1556, fous Philippes II. fucceffeur de Charles-quint, il y eut un don par forme d'enchere fur ce même engagement, en faveur du Comte de Meghe fils, devenu l'héritier de fon pere; & ce fut toute la grace qu'il obtint; & à ce don près, l'engagement eft refté exactement le même.

Nous vérifions par les Regiftres du Bailliage de Saint-Omer, que les poffeffeurs du Domaine de la Châtellenie d'Eperlecque, en ufoient fi mal, que les Officiers de ce Bailliage furent chargés de le faifir, la faifie eft de 1605; mais Euftache de Croy en follicita auffi-tôt la main-levée, & l'obtint: la Patente qui lui en fut expédiée fe trouve regiftrée au même Bailliage, fous la date du 25 Mars 1606, avec ces modifications & réfervés, que *Sa Majefté demeurera entiere de faire le rachat du prix de cet engagiere toutefois que bon lui femblera, méme (eft-il ajouté) en déduifant telle fomme à quoi pourra par liquidation être trouvée convenir la valleur des bois que l'on entend être abattus contre les conditions de l'engagiere, & à quoi ladite Terre demeurera obligée, &c.*

Le jour même de cet enregiftrement, Euftache de Croy fait don de l'engagement à fon coufin Jacques, fils puîné du premier mariage de Philippes de Croy: l'acte fe trouve pareillement dans les regiftres du Bailliage de Saint-Omer.

Le 23 Décembre 1608, revente de l'engagement par les Archiduc Albert & Archiducheffe Ifabelle-Claire-Eugenie, Comte & Comteffe d'Artois, au profit de ce même Jacques de Croy, moyennant quatre-vingt-huit mille livres; fçavoir, vingt-huit mille livres pour importance de la finance en 1521; vingt mille livres pour le don par forme d'enchere en faveur du Comte de Meghe en 1556; & enfin quarante mille livres pour prétendu dédommagement au Comte de Solre.

Il nous intéreffe fort peu d'examiner fi ces fommes font réelles, fi elles ont été payées ou pas; mais le fait certain eft qu'il n'y a eu de finance proprement dite, que les vingt-huit mille livres de 1521, tout le furplus n'étant que gratification en faveur des poffeffeurs mêmes, n'eft nullement à confidérer: en effet, il eft à croire que s'il s'agiffoit aujourd'hui de traiter d'un nouvel engagement, ou d'entamer une nouvelle revente (comme l'Etat en France ne peut jamais fouffrir des libéralités hors-d'œuvre des Souverains d'Efpagne, des Princes étrangers) l'on n'auroit égard précisément qu'à la seule & unique finance de 1521 ; du reste cela est assez indifférent à la cause.

La seule chose que nous desirerions ici, seroit d'avoir inspection & connoissance des titres de M. le Comte d'Egmont ; il les a certainement pardevers lui, mais il se gardera bien de leur laisser voir le jour ; depuis long-temps ils sont ensevelis : mais il ne peut cependant priver ses Juges de cette communication, & nous même devrions pour le moins avoir inspection de celui du 23 Décembre 1608 ; car enfin M. le Comte d'Egmont doit faire apparoître d'un titre, sans lequel il joueroit le plus singulier personnage : en effet il auroit beau argumenter de possession, cela ne lui serviroit de rien, tout engagiste a besoin de titre, & sans titre il n'a rien & ne tient rien. Ce n'est pas que nous ne sçachions les termes & les conditions de l'engagement qu'a obtenu Jacques de Croy ; nous sçavons même de plus, qu'il n'a rien épargné pour que cet engagement fut retouché & pour qu'il se présenta dans une autre forme que par le passé ; mais on sentit qu'il ne pouvoit être jamais autrement que simple, c'est-à-dire, réduit à l'utile, sans pouvoir lui attribuer d'inféodation ; aussi Jacques de Croy cherchant à s'indemniser d'ailleurs, y fit inférer des droits de jouissances imaginaires & tout à fait illusoires, tel que le droit de penage, que l'on ne sçait dans Eperlecque même ce que c'est ; celui de 5 sols pour chaque bateau appartenant à étranger n'avigeant sur la riviere de Stade, riviere qui n'existe plus depuis des siécles ; celui de Suart, se percevant sur la vente de toutes les denrées ; celui de Pont-ghelt & autres de même nature, dont les domiciliés sur la Châtellenie d'Eperlecque, de mémoire d'homme, n'ont entendu parler.

Jacques de Croy mort en 1627, les Officiers du Bailliage de Saint-Omer se crurent dans l'obligation de saisir l'engagement qu'il délaissoit ; leur saisie est du 18 Janvier 1628.

Charles-Philippes de Croy son frere & successeur, intéressé à avoir la main-levée de cette saisie, crut y parvenir en faisant former & dresser un Rapport (*k*) de la Terre de la Châtellenie

(*k*) Guyot, en son Traité des Fiefs, chap. *des Engagemens*, dit, que c'est une question très-intéressante & difficile, de sçavoir si les Engagistes doivent la foi & hommage, ainsi que les droits aux mutations ? Qu'en général pour les engagemens qui ne sont pas à titre d'inféodation, il faut tenir, d'après Chopin, Loyseau & Bacquet, que les Engagistes n'étant que des usufruitiers, des créanciers anti-chrésistres, ils ne forment aucune mutation & ne doivent par conséquent ni foi-hommage, ni droits, soit pour succession, vente ou autres aliénations ; que ceux même à titre d'inféodation, n'étant pareillement que des usufruitiers *ex jure communi*, devroient également être exempts de tous droits, puisqu'on ne compte de mutation que du côté de la propriété ; que si l'Edit de 1591 & quelqu'autres leur ont donné le titre de Seigneurs, ces Edits, que la grande nécessité d'une guerre aussi triste avoit amenée, ne doivent pas être regardés comme des Loix irréfragables, que l'on peut dire même qu'ils n'existent plus : qu'à la Chambre des Comptes de Paris, on ne voit aucune foi-hommage d'Engagistes *quôquomodô*. Enfin Guyot sur cette question rapporte plusieurs Arrêts, & entr'autres un du Conseil du 26 Mars 1748, qui a condamné les sieur & Dame Rappacé à payer les droits au Fermier, sans cependant qu'ils fussent tenus de rendre la foi-hommage, aveu, dénombrement ; mais seulement qu'ils fourniroient le détail de la consistance des Domaines dont ils sont Engagistes.

d'Eperlecque, qu'il fit préſenter par un certain Chrétien Hauvel ſon agent, que nous voyons ſe décorer du titre faſtueux de Bailli & Capitaine * d'Eperlecque. La préſentation de ce Rapport eſt du 4 Décembre de la même année: il parut ſi bizarre & ſi ſingulier, qu'il mérita auſſi-tôt ſa proſcription: l'homme du Roi qui prit cette piéce en communication, y coucha de ſa main la proteſtation & la réclamation qui ſuit .... *le Procureur-Général au quartier, Ville & Banlieue de Saint-Omer, auquel ayant été mis en mains par Chrétien Hauvel, en ſa qualité, (celle de Procureur ſpécial de Charles-Philippes de Croy) le préſent Rapport de ladite Terre & Seigneurie d'Eperlecque, & le requis par ledit Procureur du Roi, de lui adminiſtrer preuve à la juſtification d'icelui Rapport & conſervation du droit de Sa Majeſté; à quoi icelui Hauvel a promis ſatisfaire en dans quelque temps; attendant quoi ledit Procureur du Roi a fait la proteſtation ci-après, comme il fait par cette, que la preſtation dudit Rapport ne devra valoir & ſervir de privilege de temps introduit par la Coutume générale de ce pays d'Artois, juſques-à que ce ſoient adminiſtrés titres à ladite juſtification avec lettres d'engagiere, pour la conſervation du droit de Sa Majeſté, qui devra demeurer au droit de faire ſaiſir & regaler ladite Seigneurie d'Eperlecque, faute de Rapport, comme n'étant le préſent recevable: tém. mon ſeing ici. Valentin* TAFFIN.*

On ne peut de réclamation plus forte & plus expreſſe contre un Rapport: cette piéce étoit bien dans le cas de mériter ce ſort & cet échec; elle étoit l'ouvrage d'un homme qui ne cherchoit qu'à flatter ſon maître aux dépens de la vérité & au détriment des droits non-ſeulement des vaſſaux, mais même de ceux du propre Domaine de Sa Majeſté: s'il étoit queſtion de faire ici l'analyſe de ce Rapport, l'on démontreroit l'infidélité qui lui a donné l'être; cette piéce avoit pour but & perſpective dans ſon objet, de ſervir dans la ſuite à être la baſe & le fondement d'un titre contre Sa Majeſté & ſon Domaine, titre deſtructif en même temps des droits & attributions de ſes propres vaſſaux & féodaux; le Procureur du Roi du Bailliage de Saint-Omer, homme d'un excellent mérite, zélé, attentif & toujours juſte dans ſon point de vue, comme on le remarque par ſon travail au Bailliage de Saint-Omer, & par toutes les affaires où ſon miniſtere a été de quelque choſe, exigea que, non-ſeulement ce Rapport fut ſoumis à une vérification avec les lettres d'engagere, mais encore qu'il ne put jamais tirer à conſéquence tel laps de temps qu'il s'écouleroit, que *la preſtation dudit Rapport ne devra valoir & ſervir de privilége de temps introduit par la Coutume générale de ce pays, juſques-à que ce ſoient adminiſtrés titre à ladite juſtification,* AVEC LETTRES D'ENGAGIERE....&c.

Que l'on nous diſe ſi jamais on s'eſt mis en devoir de ſatisfaire à la requiſition de cet Officier? En ce cas la ſaiſie qui a précédé ce Rapport, tient donc encore actuellement? Rien ne peut la

* Le titre de Capitaine, en ce temps-là, répondoit à celui de Gouverneur.

couvrir! Il n'eſt point douteux que ſi les Receveurs du Domaine de Sa Majeſté avoient ſçu leur métier & voulu faire leur devoir, qu'ils euſſent fait les fruits-leurs, c'eſt-à-dire, régalé pour le Roi juſqu'au moment de l'accompliſſement de ce qui étoit requis.

Mais il eſt à croire que Charles-Philippes de Croy ne fut guere inquiet ſur cet objet, & ce qui le donne à croire, ce ſont les ultérieures entrepriſes que lui & ſes ſucceſſeurs ont eſſayé de former & de pratiquer depuis avec la plus grande confiance: la faveur dont tous les Croy jouiſſoient ſous les Rois d'Eſpagne, les Comtes & les Gouverneurs des Pays-Bas, les mettoient à l'abri de toute crainte, auſſi furent-ils toujours entreprenants, & au point qu'ils ſe rendoient même redoutables; d'après cela rien ne doit étonner qu'indépendamment de la réclamation & de la proteſtation de Valentin Taffin, Procureur du Roi du Bailliage de Saint-Omer, les choſes ſoient demeurées dans une eſpèce de léthargie juſqu'à préſent; d'ailleurs il faut conſidérer que le laps de temps qui s'eſt écoulé depuis lors juſqu'aujourd'hui, (quoique rien ne couvre jamais les entrepriſes ſur le Roi & ſon Domaine) a pu faire que l'on ait perdu au Bailliage de Saint-Omer toutes choſes de vue; outre cela il eſt à obſerver encore, que les ſucceſſeurs en la Charge de Valentin Taffin, depuis l'établiſſement du Bureau des Finances, c'eſt-à-dire, depuis l'inſtitution de la Cour, ont pu penſer que cette partie les concernoit bien moins que M. le Procureur du Roi de cette Cour, chargé par état du ſoin de veiller à la conſervation du propre Domaine de Sa Majeſté.

Enfin Charles-Philippes de Croy, mort en 1642, laiſſa pour héritiere ſa fille unique, appellée Marie-Ferdinante; elle étoit Chanoineſſe de Mons, lorſqu'elle épouſa Philippes-Louis Comte d'Egmont: ce Comte d'Egmont, après ſon mariage, inſtruit par les gens d'affaire des auteurs de ſa femme, des vues, des deſſeins qu'ils avoient ſur la partie de Domaine d'Eperlecque, ſçut engager & diſpoſer en 1683, Balthazar-Joſeph de Croy ſon couſin, qui avoit pour femme Marie-Philippine-Anne de Crequy, Dame des Terres & Seigneuries dont il s'agit, à lui ſervir rapport pour trois de ces Terres, non comme relevantes du Roi, mais de lui en pleine propriété: & ce Balthazar-Joſeph de Croy eut la lâche complaiſance (que l'on nous permette cette expreſſion) de déférer à la priere du Comte d'Egmont, & bien plus de ſouffrir même que dans ſon rapport on ne fit nulle mention du titre & de la qualification de Vicomtier, quoiqu'inhérents & d'eſſence à ſes Seigneuries : il faut que la complaiſance d'un côté ait été bien forte pour permettre & ſouffrir pareille choſe, & de l'autre l'illuſion bien grande pour ſe porter à croire, comme le Comte d'Egmont d'alors, qu'une ſemblable piéce, un pareil rapport, pût jamais lui être d'aucun ſecours, d'aucun avantage, à lui non-plus qu'à ſes ſucceſſeurs.

Et

Et de fait, cette piéce misérable portoit en soi, en elle-même, le principe de sa ruine; d'abord en ce qu'elle frappoit directement contre les droits du Roi, contre ceux de ses vassaux & hommagers; au surplus, que l'on considere s'il est possible que les Seigneuries pour lesquelles on servoit le rapport dont il est question, pouvoient souffrir par le fait d'un mari, lorsqu'elles intéressoient sa femme, qu'elles formoient & constituoient en elle un propre ancien & de famille; en outre, disons avec vérité, qu'indépendamment que le titre & la qualification dont on cherchoit à les priver, leur fut naturel, inhérent, d'essence, & ineffaçable par cette raison, tout d'ailleurs perçoit le voile, tout annonçoit en elles & par le rapport même, le titre & la qualification qu'on cherchoit à leur enlever; qu'on jette les yeux sur ce rapport, que M. le Comte d'Egmont d'aujourd'hui tient, & l'on verra que tout caractérise, que tout prouve avec la derniere évidence, le titre certain de ces Seigneuries, quand ce ne seroit que l'énumération des fiefs & les Seigneuries qu'elles ont dans leur directe & leur mouvance immédiate & l'assujettissement des possesseurs de ces mêmes fiefs, de ces mêmes Seigneuries, au service des plaids & à l'exercice par conséquent de toute Justice Vicomtiere chez leur Seigneur dominant, comme il résulte des art. 32, 33, 37 & 39 de la Coutume générale de la Province d'Artois; mais quelque chose de bien plus fort encore, qui se voit énoncé dans ce rapport, c'est le droit d'Aide, l'assujettissement par les vassaux au payement de ce droit, droit qui ne peut concerner bien certainement qu'un Seigneur, ou Haut-Justicier, ou Vicomtier, ainsi qu'il se voit clairement des dispositions de l'art. 38 de la Coutume générale de la même Province: mais ce qui est le plus admirable, est que lors de ce rapport & de la tricherie que l'on essayoit de faire éprouver à ces Seigneuries, par le silence affecté de leur titre & de leur qualification, c'est que ces mêmes Seigneuries exerçoient hautement & publiquement dans toute leur étendue, les Justices Vicomtieres, & comme elles n'ont cessé de faire depuis leur institution premiere, leur inféodation, jusqu'aujourd'hui.

PROCÉDURES.

Eugene-Joseph Caucheteur, Ecuyer, Seigneur du pays de Langle, acheta de Guillaume-François de Croy, par contrat du 2 Janvier 1727, les Terres & Seigneuries dont il est question. Voulant se procurer les droits réels, comme il est ordinaire & même très-souvent nécessaire en pays de nantissement, il prit commission de mise de fait sous l'autorité du Bailliage de Saint-Omer, commission qui fut exploitée le 21 Février de la même année.

Le 9 Mars suivant, opposition au décret de cette mise de fait, de la part, ou plutôt sous le nom de Procope-Marie d'Egmont-

Pignatelly, sous deux prétextes ; le premier, que les droits Seigneuriaux n'étoient pas payés ; & le second, de ce que par le contrat de vente de ces Seigneuries, la procuration qui y est insérée, de même que par la commission de main-mise, ou de mise de fait, & le procès-verbal d'exploitation, elles étoient désignées & qualifiées Vicomtieres, ce qui donnoit atteinte, disoit-on, aux droits du Comte d'Egmont, lequel a seul la haute Justice & la Vicomtiere sur trois de ces Seigneuries ; la quatriéme en effet, n'étant pas relevante de la Châtellenie.

L'instance sur cette opposition portée à l'Audience du Bailliage de Saint-Omer, du 3 Avril, Sentence qui ordonne que pour être fait droit aux Parties, premierement, sur l'objet des Seigneuries foncieres, les piéces passeroient en mains du Conseiller Pagart ; & pour être statué sur celui des Seigneuries Vicomtieres, que les mêmes Parties seroient appointées en droit.

Le 27 du même mois, décret de la mise de fait du sieur Caucheteur, pour les Seigneuries foncieres.

Le 7 Août suivant, Jugement par forclusion contre le Comte d'Egmont, qui le déboute en plein de son opposition sur l'objet des Seigneuries Vicomtieres ; décrete en conséquence la mise de fait du sieur Caucheteur, pour jouir par lui de ses Seigneuries en pleine propriété, en conformité de son contrat, avec titres & qualifications de Justices & de Seigneuries Vicomtieres ; le Comte d'Egmont au surplus condamné en tous les dépens.

Rien n'étoit plus juridique & plus juste que ce Jugement ; le Comte d'Egmont s'y seroit tenu, si le sieur Caucheteur n'avoit eu à se pourvoir à son tour contre les Officiers du Comte d'Egmont, sur le fait d'un scellé induement apposé par eux, chez un certain Philippes Lampstaës, dont la maison se trouve dans la Seigneurie Vicomtiere de Lhoir-d'Eperlecque. La requête du sieur Caucheteur sur cet objet fut présentée au Bailliage de Saint-Omer le 1 Juin 1728 ; elle tendoit à faire ordonner que les scellés induement apposés par les prétendus Officiers du Comte d'Egmont, fussent levés par ceux de la Justice de Lhoir-d'Eperlecque, & qu'il fût de suite procédé par ces mêmes Officiers à l'établissement des tuteurs nécessaires aux enfans mineurs dudit Lampstaës.

Les Comtes d'Egmont qui jamais ne se sont mêlés d'aucune affaire, & ne sont pas dans le cas de s'en mêler, sont obligés tous les jours de s'en rapporter aux dires de leurs Intendants, lesquels très-souvent les trompent, font épouser à leur Maître leurs querelles, leurs inimitiés : le sieur Caucheteur se trouvoit coupable vers eux de résistance, & surtout d'être sorti victorieux sur l'objet de l'opposition au décret de la mise de fait, mais bien plus coupable encore d'avoir attaqué ensuite les Officiers du Comte d'Egmont, sur le fait des scellés. Il n'en fallut pas davantage, on résolut dès ce moment de le molester, & même à outrance : à cette fin, on le fit faisir féodalement, faute de foi & hommage, & de rapport servi ; cette saisie étant radicalement nulle, il étoit aisé au sieur Caucheteur de se défendre, il n'avoit besoin en effet pour la faire proscrire, que de citer & faire valoir l'autorité de Bacquet, qui au chap. 12. num. 14. & 15. de son Traité des Droits de Justice, dit formellement, *que ceux qui tiennent en engagement du Roi quelque Châtellenie ou Seigneurie étant du Domaine de la Couronne, ne peuvent à leur requête seule, sans l'adjonction du Procureur du Roi, faire saisir les fiefs dépendans..... faute d'hommes, droits & devoirs non-faits & non-payés.... non-plus qu'un usufruitier le peut faire sans nommer le propriétaire du fief dominant.....la raison est, que la foi & hommage ne sont dûs, ni à celui qui tient en engagement du Roi, ni à l'usufruitier, ains,* dit l'Auteur, *sont dûs au Roi, ou bien au propriétaire du fief dominant, & les simples profits à celui qui tient en engagement, ou bien à l'usufruitier, lesquels ont seulement la Seigneurie utile pour quelque moment, & non la directe.....aussi,* continue l'Auteur, *ceux qui tiennent en engagement du Roi, contraignant les vassaux dudit Seigneur Roi à leur faire foi & hommage, ce sont abus & entreprises sur les droits du Roi, qui ne doivent être tolérés, ains reprimés, tant par MM. des Comptes, que par MM. les Tré oriers de France, protecteurs & conservateurs du Domaine de la Couronne, lesquels pareillement doivent tenir la main à ce que les Justices ne soient exercées sous le nom des acquéreurs du Domaine, & qu'ils ne pourvoient aux Offices ; car,* ajoute enfin cet excellent Auteur, *si on tolere cette entreprise, ceux qui tiennent en engagement les Châtellenies du Roi, pourront facilement s'en approprier la mouvance, & par succession de temps, soutenir qu'ils sont mouvans des Terres & Seigneuries qui leur appartiennent en propriété proches & contigues des Châtellenies en fiefs du Roi, desquelles ils jouissent par engagement : & le semblable se fera des droits de Justice, si les acquéreurs du Domaine du Roi les font exercer en leur nom, contre la prohibition portée par l'Ordonnance.* *

On ne peut pas rencontrer d'autorité certainement plus décisive & plus analogue aux circonstances du fait des saisies dont nous parlons, & ces saisies dont il est aujourd'hui question par le souvenir que M. le Comte d'Egmont actuel en a bien voulu rappeller, ne peuvent échapper à la proscription qu'elles ont justement méritée, & que nous demandons.

En 1734, autre & nouvelle querelle que l'on crut faire au sieur Caucheteur, mais qui n'eut aucune suite : les gens d'affaire de M. le Comte d'Egmont, toujours disposés à entrer en lice, insinuerent à leur Maître, que quoiqu'il ne fût qu'un engagiste & pour la partie seulement de la Châtellenie d'Eperlecque, qu'il pouvoit néanmoins prétendre aux honneurs & aux droits honorifiques à l'Eglise ; ces zélés Officiers, pour amener plus sûrement leur Maître à leur volonté & à leurs desirs, se prévalurent d'une

* De Blois, art. 333.

Consultation, que vraisemblablement ils avoient mendiée ou sur-
prise sur un faux exposé; mais le Comte d'Egmont se doutant de
la ruse & de la supercherie de ses gens, exigea, qu'avant d'entreprendre aucune chose, cette Consultation seroit communiquée au
sieur Caucheteur, comme elle le fut en effet, & la réponse suivit
dans l'instant même, laquelle fit abandonner au Comte d'Egmont
le plan de ses Officiers: il ne fut donc pas question long-temps
de prétention pour les droits honorifiques de la part de cet engagiste & de ses gens; la chose en effet, fut laissée là & oubliée
jusqu'en 1768, qu'Eperlecque eut le Chœur de son Eglise rebâti
à neuf & même agrandi: les gens d'affaire de M. le Comte d'Egmont, ne perdant point de vue ce qui s'étoient imaginés en 1734,
voyant que le sieur Caucheteur n'existoit plus, & se figurant
qu'ils auroient affaire à un homme peu instruit & différent du
sieur Caucheteur, disposerent toutes choses secrétement pour un
coup de main : ils commanderent & firent travailler trois bancs
à la fois dans Saint-Omer, deux pour eux, leurs femmes & enfans; & le troisiéme pour leurs créatures, c'est-à-dire, pour leurs
partisans; ces bancs furent amenés & posés à huis-clos dans le
Chœur les derniers jours d'Octobre ou les premiers jours de Novembre 1768: aussi-tôt que le sieur le Roy en eut la nouvelle, il
se pourvut, comme nous le dirons à ce moment, pour ne pas in-
terrompre plus long-temps l'ordre des faits.

En 1736, le sieur Caucheteur paya le tribut à la nature; il ne
laissa qu'une fille mineure : le Comte d'Egmont fut sollicité par
ses gens de profiter de cette circonstance, de réveiller toute affaire, de mettre tout en usage pour le mieux; que l'on auroit plus
d'avantage & plus à espérer contre des tuteurs. Ce ne fut qu'alors
en effet, que M. le Comte d'Egmont se détermina d'appeller du
Jugement des Officiers du Bailliage de Saint-Omer du 7 Août
1727, qui en le déboutant de son opposition avec dépens, avoit
décrété la mise de fait du sieur Caucheteur, avec titre & reconnoissance de ses Seigneuries Vicomtieres, conformément à son
contrat d'achat; mais cet appel étoit trop mal conseillé pour qu'il
fût jamais suivi; tout ce qu'il y fut fait a été de prendre un ap-
pointement de conclusion, & ensuite les choses en resterent-là
jusqu'en 1754, qu'il s'est agi sérieusement de reprise d'instance
par le curateur aux personne & biens du sieur Charles-François
Deschamps de Lescade, lequel avoit succédé aux propres naissans
de la Demoiselle Caucheteur, depuis décédée.

Ce qui donna lieu à cette reprise en 1754, est un fait assez
hardi de la part d'un simple Receveur au Comte d'Egmont; fait
que l'on ne peut passer ici sous silence, puisqu'il fait la matiere &
l'objet d'une des vieilles procédures que M. le Comte d'Egmont
a fait évoquer, & sur laquelle la Cour a également à statuer.

M. le Comte d'Egmont d'aujourd'hui avoit hérité de tous les
biens de Guy-Felix son frere, mort sans enfans en 1753, & entr'autres

tr'autres la terre de Ruminghem avec l'engagement de la Châtellenie d'Eperlecque. M. le Comte d'Egmont actuel crut devoir
laiffer pour Receveur de ces deux terres, celui qui y étoit établi,
& le continua : cet Officier, ou plutôt ce Receveur, que nous
ne dirons ni haut, ni vain, mais ardent, paffionné & ja-
loux de chaffe jufqu'à l'excès, fe mit en tête de former une efpèce
de Capitainerie des deux terres, & de s'attribuer, fans réferve, à
titre de plaifirs, notamment tout le territoire d'Éperlecque ; en
conféquence il prépofa des gens qu'il décora du titre de fes Gar-
des, leur prefcrivit des ordres, de veiller & d'empêcher que qui
que ce foit ne chaffe, & qu'ils feroient foigneux & exacts à lui rapporter dans l'inftant même, le nom de ceux qu'ils auroient ou chaffé
ou été rencontrés avec fufil. Malheureufement le fils du fieur
Defchamps de Lefcade, écolier en 1754, vint en temps de va-
cance à Eperlecque avec un camarade, l'envie leur prit de porter
un fufil, & l'un d'eux eut le hazard de tuer un lièvre ; ce fait fut
auffi-tôt rapporté au Receveur de M. le Comte d'Egmont, qui en
prit offenfe, & fans tarder actionna, fous le nom de fon Maître,
les deux jeunes Ecoliers en complainte au Confeil d'Artois. Cette
démarche déplacée & indigne fut démontrée au Confeil d'Artois ;
les gens d'affaire de M. le Comte d'Egmont en fentirent toutes
les fuites & le défagréable qui en réfulteroit pour leur Maître, ils
chercherent & parvinrent à faire joindre cette inftance aux autres.

Le fieur le Roy, qui depuis long-temps a des intérêts affez
confidérables à Eperlecque, fut follicité & engagé en 1767 de les
accroître par l'acquifition des quatre terres & Seigneuries délaiffées
par le fieur Caucheteur, & qui de fucceffion à fa fille, étoient par-
venues au fieur Louis-Jofeph-Augufte Defchamps de Pas, fils
& héritier féodal du feu fieur Charles-François Defchamps de
Lefcade : Le fieur le Roy lors de fon achat, ignoroit que toutes
les difficultés anciennes fuffent encore exiftantes : quel fut fon
étonnement, lorfqu'après fon acquifition, prenant la même rou-
te qu'autrefois le feu fieur Caucheteur, pour la réalifation de fon
achat, de voir qu'il alloit éprouver la même difficulté ; & en effet,
une oppofition femblable à celle de 1727 fut formée de la part
du Comte d'Egmont actuel, au décret de fa mife de fait, fous le
même prétexte, que les Seigneuries par lui acquifes étoient induement & mal à propos qualifiées de Vicomtieres : le fieur le Roy
examinant de plus près, que n'avoit fait le fieur Caucheteur, les
qualités & les droits du Comte d'Egmont lui-même, apperçut auffi-
tôt qu'il n'étoit qu'engagifte & que fimple engagifte de la Châtellenie d'Eperlecque ; & il partit delà pour démontrer que la prétention du Comte d'Egmont, n'étoit vis-à-vis de lui, qu'une ima-
gination & une infigne querelle renouvellée dans le moment fort
imprudemment de la part de fes Officiers & gens d'affaire, toujours indifcrets & ignorans ; enfin comme le fieur le Roy fe dif-

poſoit à mettre toutes choſes en évidence, les Conſeils du Comte d'Egmont s'apperçurent qu'ils n'en ſortiroient, qu'en excipant de litiſpendance par rapport à l'appel du Jugement des Officiers du Bailliage du 7 Août 1727; mais indépendamment de leur exception intervint autre & ſecond Jugement au Bailliage de Saint-Omer le 24 Juillet 1767, qui, ainſi que celui de quarante années avant, décréte les Seigneuries, avec titres & qualifications de Vicomtieres; ce Jugement obtenu par le ſieur le Roy, porte, que » ſans avoir égard à l'oppoſition formée par Caſimir d'Eg-» mont, au décret de la miſe de fait dudit ſieur le Roy, elles ſe-» ront & demeureront décrétées avec les mêmes titres & quali-» fications énoncées au contrat; le Comte d'Egmont entier de » ſuivre ſon appel du Jugement du 7 Août, ainſi qu'il trouveroit » convenir, &c.

Il faut obſerver ici, qu'il n'y a pas d'appel de ce Jugement, de la part du Comte d'Egmont, quoiqu'il eut affecté cependant de demander l'évocation de cette procédure en la Cour, pour l'envelopper parmi toutes les autres, & à deſſein d'en faire un gâchis; mais nous ſaurons tout tirer du cahos, du moins nous oſons l'eſpérer, & il y va de notre intérêt.

C'étoit ruſe de la part des Officiers de M. le Comte d'Egmont de réveiller & remettre en jeu tant de procédures à la fois, leur but, leur objet en cela étoit d'embarraſſer & inquiéter le ſieur le Roy; mais il eſt parvenu à obtenir de la Juſtice de la Cour, que toutes ces procédures & inſtances fuſſent combinées, enforte qu'elles n'en forment plus qu'une aujourd'hui ſous différens chefs, & dont nous allons achever de donner le détail. Nous ſommes déjà parvenus aux inſtances nouvelles, c'eſt-à-dire, à celles entamées avec le ſieur le Roy, depuis le décret de ſa miſe de fait & la réaliſation de ſon contrat d'achat: la premiere & la principale de ces inſtances, eſt celle au ſujet des bancs dans le nouveau chœur d'Eperlecque, ou pour mieux dire, au ſujet des droits honorifiques prétendus & deſirés, bien moins par M. le Comte d'Egmont, que plutôt par ſes gens d'affaire & leurs adhérens. Il eſt bon de ſe rappeller ce qui a été dit plus haut, qu'en 1734, les gens d'affaire de M. le Comte d'Egmont avoient voulu lui inſinuer de prétendre, à l'encontre du ſieur Caucheteur, les honneurs & les droits honorifiques à l'Egliſe; mais que ce Seigneur, par un acte de prudence & de ſageſſe, avoit exigé que la Conſultation qu'on lui préſentoit, fût communiquée & miſe en mains du ſieur Caucheteur; que ce dernier à peine l'eut-il vue, qu'auſſi-tôt il fit former une réponſe, qui fut même imprimée & rendue publique, & que toute prétention dès ce moment avoit diſparu, tant de la part du Maître, que de celle de ſes gens.

En effet, il ne fut plus queſtion de rien juſqu'en 1768, que le chœur de l'Egliſe Paroiſſiale d'Eperlecque ſe trouvant rebâti, l'envie reprit aux gens d'affaire de M. le Comte d'Egmont,

[19]

de fe placer dans le chœur, & d'y prendre les honneurs comme repréfentant leur Maître : ils fe figurerent que le feul point diffi-cile pour eux, étoit de parvenir à faire placer leur banc, qui une fois pofé, des procédures ennuyeufes & fans fin, le garantiroient de toute part ; on fe confulta là-deffus & dans le fecret ; on avoit befoin du fecours du Curé, à caufe des clefs de l'Eglife, qu'il a feul, on le mit de la confidence, il fut même flatté de la chofe, & l'on prétend que c'eft lui qui propofa, au lieu d'un banc, d'en faire faire trois à la fois, pour fervir aux maris, femmes & en-fans, & à tous ceux rangés du parti de M. le Comte d'Egmont ; qu'au moyen de ces trois bancs, il ne refteroit plus la moindre place au fieur le Roy pour y introduire le fien : le Curé récom-manda que la conftruction de ces bancs fût fecrete, & que quand ils feroient faits & amenés, ils fuffent pofés fans bruit ; comme cela fut fait & exécuté.

Auffi-tôt que le fieur le Roy eut apprit cette manœuvre & cette entreprife contre fes droits, il fe pourvut au Bailliage de Saint-Omer, contre le Curé feul, ne pouvant s'en prendre à d'autre ; la requête contre lui préfentée eft du 7 Novembre 1768, & fut répondue d'un jour fixe.

Le Curé affez embarraffé lorfqu'il s'eft vu affigné, eut recours au fieur Anfelin, Intendant de M. le Comte d'Egmont à Arras, lequel chercha d'abord à le guérir de fa peur, en lui faifant par-venir un petit écrit où l'on difoit que les bancs dont il eft queftion avoient été placés par ordre de M. le Comte : la caufe fur cela portée à l'Audience du 17 Novembre ; Ordonnance intervint pour en revenir avec M. le Comte d'Egmont, *& cependant, par provi-fion, défenfe au Curé de délivrer les clefs des bancs à perfonne quel-conque.*

Croira-t-on que nonobftant cette défenfe & la fignification qu'il en fut faite au Curé dès le 19 du même mois, il ait été affez hardi, affez ofé, pour délivrer les clefs des bancs à un certain Chrétien-Jofeph Roëls, fe difant Procureur d'Office d'Eperlec-que, homme qui depuis quelques années eft venu fe réfugier dans le Village, & qui, parce qu'il n'a rien à perdre, devient le mi-niftre & l'exécuteur de toutes les volontés des gens d'affaire de M. le Comte d'Egmont.

Ce particulier flatté de fe voir gardien, dépofitaire des clefs des bancs, ne différa que jufqu'au lendemain matin, Dimanche 20 du même mois de Novembre, à y entrer ; il affecta de venir fe préfenter dans l'Eglife précifément au moment que la Grand'-Meffe commençoit, tenant les clefs pendues à fon doigt, faifant déplacer tout le monde pour s'ouvrir un paffage & fe faire re-marquer qu'il alloit droit fe placer dans le premier de ces bancs : non-content encore de fon rolle, c'eft qu'il fit figne à bien des gens qui le regardoient, d'abandonner leur place pour le venir trouver, & il ne s'en rencontra malheureufement que trop, difposés à suivre ce mauvais exemple; le premier fut Martin Lampf-taës, Bedeau de la Paroisse; les autres furent Antoine-Louis Macrel, Cornil-Joseph Leborne, Chrétien Hochart, Jean-Charles Vanvincq & Jean-Charles Vercuere, presque tous vassaux & sujets du sieur le Roy.

Le sieur le Roy considérant dans ce fait deux choses, d'abord le despect à Justice, & puis l'insulte & la dérision faite à ses droits, recourut de nouveau au Bailliage de Saint-Omer, & y obtint Sentence le 26 Janvier 1769, qui fait défenses à ces Particuliers de se servir des bancs, aux peines de droit; & ils sont condamnés aux dépens.

Ce Jugement, quoique signifié, ne fut pas pour cela révérendé; le brave Roëls avoit annoncé dans le Village qu'il n'y avoit rien à craindre pour personne, & que l'on auroit M. le Comte d'Egmont pour soutien, dont les gens d'affaire assuroient la pleine garantie.

Une autre procédure suivit bientôt celle dont nous venons de parler; il fut rapporté au sieur le Roy que l'on se jouoit de ses Seigneuries, que des Particuliers, à la tête desquels se trouvoit encore Chrétien-Joseph Roëls, avoient machiné & ourdi une procédure à l'extraordinaire à la charge du Clerc-lai du Village contre lequel ils sont en procès, & que cette procédure s'instruisoit dans la maison d'Anne-Thérese Dewevre, veuve Heban, qui est un Cabaret dans les tennemens précisément de Lhoir-d'Eperlecque, ce qui formoit une entreprise marquée & pour laquelle il écheoit amende, suivant l'art. 13 de la Coutume générale de la Province: & le sieur le Roy s'est pourvu sur cet objet à la charge de ces particuliers; mais au moment qu'il alloit obtenir Sentence par défaut contr'eux, le Comte d'Egmont vint à la traverse, & cette cause ayant également été évoquée en la Cour, elle fut combinée avec les autres.

Enfin une derniere procédure, qui est celle qui a fixé exactement l'attention de M. le Procureur du Roi en la Cour, & qui mérite en effet tout son zèle & le soin de son ministère, est celle qui fût entamée au Conseil d'Artois sous le nom de M. le Comte d'Egmont, en vue & à dessein uniquement d'en imposer au sieur le Roy, de lui faire lâcher prise sur ses poursuites contre le Curé pour le fait & l'objet des bancs. Cette procédure, ou du moins la requête qui en fut la piéce introductive, présente peut-être, de la part d'un engagiste, l'entreprise la plus formelle & la plus hardie qui se soit encore vue: le Comte d'Egmont, loin de se donner pour un engagiste & un engagiste simple tel qu'il est, se présente au contraire pour un propriétaire & même un propriétaire Haut-Justicier & Vicomtier, tant de la Châtellenie que de tout le Village d'Eperlecque. Par sa requête, non-seulement il annonce, mais fait retentir bien haut, » qu'il est en possession, » tant par lui que par ses prédécesseurs, de l'exercice de tous

» droits,

» droits, notamment de tous honneurs dans l'Eglise, pourquoi
» il prend pour trouble l'action intentée par le sieur le Roy au
» Bailliage de Saint-Omer le 7 Novembre 1768 contre le Curé,
» demande en conséquence qu'il soit maintenu, gardé en ses pos-
» sessions, *de se qualifier seul Seigneur d'Eperlecque & de l'Eglise,*
» *de jouir de tous droits honorifiques dans ladite Eglise, entr'au-*
» *tres, celui d'avoir banc dans le chœur; le sieur le Roy condamné*
» *à la réparation du trouble par lui commis en voulant obliger le*
» *Curé à ôter les bancs placés dans ledit chœur; & en outre pour*
» *avoir pris la qualité de Seigneur d'Eperlecque dans la requête*
» *qu'il a présentée, il fut condamné en l'amende de 60 sols parisis;*
» *qu'il lui fut fait défense de prendre à l'avenir cette qualité, &*
» *ordonné qu'elle seroit rayée de sa requête, comme de tous les actes*
» *où elle se trouveroit prise; & qu'enfin il lui fut fait défense de*
» *toucher aux bancs dans le chœur de ladite Eglise, &c.*

Point de conclusions plus singulieres, plus bizarres & autant
extrêmes que celles-là, de la part d'un engagiste, & d'un engagiste encore, non à titre d'inféodation, mais un engagiste simple, dont la sphere oblique, ou pour mieux dire, dont le cercle
étroit ne lui permet rien au-delà de la perception des fruits &
même des simples fruits dans la partie ou portion de Domaine au
Roi à Eperlecque, qui est la Châtellenie & nullement le Village. La hardiesse & la témérité de ces conclusions, est, ce qui a
excité, comme on l'a dit plus haut, l'attention & le ministere
de M. le Procureur du Roi en la Cour, lequel sur son requisitoire
a fait ordonner aussi-tôt l'évocation de cette instance; & bientôt
après celle des autres s'en est ensuivie : M. le Comte d'Egmont
a senti le premier, qu'il n'échapperoit pas aux condamnations
auxquelles ses gens d'affaire l'ont exposé de toute part, & préfé-
rant qu'elles fussent par un seul & même Jugement, plutôt qu'en
trois Sièges différens, où les procédures se feroient multipliées, il
a pris sagement le parti de demander lui-même l'évocation & la
combinaison de toutes ces procédures en la Cour, ainsi que la
chose a été ordonnée à l'Audience du 20 Avril 1769, pour le
tout être instruit au rolle, suivant les derniers rétroactes. *

Avant que de passer à l'établissement des moyens, il est indispensable que nous touchions un mot de la résistance que l'on a
apportée à l'autorité & à l'exécution provisoire de l'un des Jugemens de la Cour, du 20 Avril 1769; il y fut fait d'itératifs défenses à Me. Varlet, Curé d'Eperlecque, de délivrer les clefs des
bancs dont il s'agit, comme à tous & quelconques de quelque
qualité & condition qu'ils fussent, de s'y introduire jusqu'au Jugement définitif; cependant malgré ces défenses & par un despect formel à l'autorité de la Justice de la Cour, deux des particuliers qui avoient déjà éprouvé de pareilles défenses des Officiers
du Bailliage de Saint-Omer, n'ont pas appréhendé de venir s'y
placer de nouveau; ces deux particuliers sont, le fameux Chrétien-

Joseph Roëls, que rien n'eſt capable d'ébranler, & le dolent Martin Lampſtaës, ſuſceptible, malheureuſement pour lui, de toutes les impreſſions de ſon voiſin Roëls : trois procès-verbaux joints aux procédures, ne laiſſent rien à douter de la réſiſtance de ces particuliers aux Ordonnances de la Cour ; le ſieur le Roy s'étoit pourvû à leur charge, pour les faire condamner arbitrairement à une amende, & la Cour ſur ce, par Jugement du 6 Juillet dernier, a ordonné » que la requête du ſieur le Roy ſeroit jointe » au principal pour y être jugée, *ſimul & ſemel ;* néanmoins que » ſon Jugement du 20 Avril précédent, ſeroit exécuté ſelon ſa » forme & teneur, à peine d'amende arbitraire, &c. «

Tel eſt l'aſſemblage de toutes les procédures ſur leſquelles la Cour a à ſtatuer par un ſeul & même Jugement : pour d'autant mieux y diſpoſer les choſes, le ſieur le Roy va être préciſ & ſe renfermer en deux points, qui formeront deux parties, dans l'une deſquelles il ſera queſtion d'examiner, quels ſont ou quels peuvent être les droits de M. le Comte d'Egmont relativement à ſon engagement.

Dans l'autre, le ſieur le Roy établira & démontrera ſes droits comme propriétaire & comme poſſeſſeur de quatre Seigneuries conſidérables, dont l'une, ſurnommée à juſte titre & de toute antiquité, du nom du Village, étend ſon Domaine ſur toute la Place, & par conſéquent ſur le premier endroit du lieu, privativement à toute autre Seigneurie : que cette Seigneurie, avec deux autres, qui ſont les deux Nort'hout ; ſçavoir, Nort'hout-ooſtout, & Nort'hout-weſtrove, comprennent & renferment, à bien peu de choſe près, dans leur directe & mouvance Vicomtiere, tout le tour & contour à la fois, & du cimetiere & de l'Egliſe. Entrons ſérieuſement en matiere.

PREMIERE PARTIE.

Le Comte d'Egmont, relativement à la Châtellenie d'Eperlecque, n'eſt pas Seigneur ; s'il en prend la qualité & le titre, c'eſt abuſivement ; & s'il en exerce les droits, c'eſt bien évidemment au préjudice de ceux du Roi & de ſon Domaine, comme au préjudice des droits & attributs de ſes vaſſaux, féodaux & hommagers, & au préjudice en même-temps, de tous les Seigneurs particuliers voiſins.

Une vérité conſtante, qui ne peut éprouver de contredit, c'eſt que M. le Comte d'Egmont n'eſt qu'engagiſte, & encore, que ſimple engagiſte pour la ſeule partie ou portion de la Châtellenie d'Eperlecque, qui conſtitue tout le Domaine de ce Village, relatif au Roi.

Comme nous avons à traiter ici à fonds de la matiere des engagemens, il ne ſera pas hors de place de commencer par définir le terme ou le mot d'*Engagement*, pris dans ſon vrai ſens & dans ſa propre ſignification.

Ce mot a pris son origine de celui de *gage* ; tout engagement en effet est un gage en soi, mais différent du mort-gage, en ce qu’il ne s’acquitte pas comme celui-là de ses issus.

Deux espèces d’engagement usité parmi nous, l’un entre Particuliers, l’autre relatif au Roi & à son Domaine.

Celui entre Particuliers est une *antichrese*, un contrat pignoratif, qui se forme par la tradition actuelle d’un fonds, d’un héritage, dont le créancier jouit jusqu’au parfait payement ou remboursement de son dû. *Mutuus est pro credito pignoris usus.*

L’autre, celui relatif au Roi & à son Domaine, n’est pas différent, quoique présenté sous l’aspect presque toujours d’une vente ; mais il est à considérer que le Domaine de la Couronne est sacré ; qu’il ne peut éprouver de vraie aliénation ; que de quelque façon que les choses se passent ou qu’elles soient conditionnées, soit à titre de propriété incommutable & à perpétuité, ou à titre d’inféodation ou non, c’est toujours engagement. Or, tout engagement, ou plutôt tout engagiste de Domaine, est réduit pour certain, à ne faire valoir qu’une concession passagere, toujours révocable par elle-même : vain titre qui ne peut jamais lui acquérir de propriété.

On ne peut fixer l’époque de la maxime qui regne depuis long-temps en France, & qui étoit déjà connue sous les premiers Rois de la troisiéme race, que, *le Domaine de la Couronne est inaliénable :* maxime qui est la source de cette autre, qui n’est pas moins certaine, qu’à *l’exception de l’échange en bonne forme, toute aliénation du Domaine, quòquomodò, est engagement :* mais l’appanage est plus qu’engagement.

Autrefois, dit Guyot, * l’on connoissoit trois façons d’aliéner le Domaine de la Couronne ; par appanage, par assiettes de Terres pour la dot & le douaire des Reines de France, & par engagement ou vente à rachat : il y avoit bien une quatriéme espèce d’aliénation, celle à titre d’inféodation, mais non pas dans le goût que nous le voyons usité depuis l’Ordonnance de 1574, mais à perpétuité.

Par l’Ordonnance de 1566, toutes sortes d’aliénation du Domaine sont réduites à deux : art. 1. *Le Domaine de notre Couronne ne peut être aliéné qu’en deux cas seulement, l’un pour l’appanage des Puînés mâles de la Maison de France.... l’autre pour la levée des deniers comptans pour la nécessité de la guerre, après lettres* (y est-il dit) *par Nous décernées & publiées en nos Cours de Parlement, auquel cas il y a faculté de rachat perpétuel.*

De quelque sorte que soient les engagemens du Domaine du Roi, & en quelques termes qu’ils soient conçus & exprimés, il y a toujours faculté de rachat : la chose est certaine.

L’Ordonnance de Blois, art. 332, confirme spécialement cette vérité.

La même Ordonnance, art. 344, parle des aliénations du Domaine pour prêt fait au Roi, & les abolit.

Ce que dit Bruſſelles, ſur les aliénations du Domaine, prouve qu'elles ſont de tous les temps de la Monarchie, & ſuivant les beſoins de l'Etat.

L'on trouve dans le ſtyle du Parlement, troiſiéme partie, intitulée, *Ordinationes Regiæ, tit. de feudis*, une Ordonnance de Philippes-le-bel, de 1304, qui parle des conceſſions, & remarque qu'elles ſont les cauſes de révocation: *Ordinamus*, y eſt-il dit, *quòd illa quæ alienatæ ſunt in prejudicium noſtrum, ſive damnum nobis inſcio & ignorante, ad preſtinum ſtatum reducantur.*

La maxime poſée par cette Ordonnance, s'applique parfaitement aux Terres du Domaine engagées depuis long-temps; les engagiſtes peuvent bien céder leurs droits tels qu'ils les ont & tels qu'ils les tiennent, c'eſt-à-dire, comme engagemens, comme jouiſſances, mais il n'eſt pas en leur pouvoir d'en faire autre uſage, ni autrement leur profit; ils ne peuvent ſur-tout rien en démembrer, rien en inféoder, parce qu'un engagiſte eſt un *pſeudo* uſufruitier, qui ne peut pas plus toucher au fonds & au Domaine du Roi, que l'uſufruitier le plus réel & le plus vrai, à celui de ſon propriétaire.

** Liv. 3. ch. 19. de Dom.*

Chopin *, parlant du pouvoir des engagiſtes, ſe récrie fort & ſe ſouléve contre ceux qui prétendent la foi & hommage des vaſſaux; il ne ſe détermine pas contr'eux par le texte, ni la lettre de l'art. 15 de l'Ordonnance du Domaine, mais par le principe.

Ce ſçavant Juriſconſulte définit les engagiſtes, ſous quelque titre que ce ſoit, *adverſùs patrimonii emptores*; ſans cependant admettre qu'ils ſoient de vrais acheteurs : *impropriè dicitur alienatus in illos Regius Canon....* » Ce n'eſt, ajoute-t-il, qu'en- » gagement «, *pugnante temporariá illá oppignoratione.*

En effet, les engagiſtes du Domaine, comme le même Chopin le dit encore ailleurs, ne ſont que des Antichréſiſtes, *quoad fiſcus liberetur;* & cela eſt exact.

Un des principaux caractères de l'antichréſiſte, dit Guyot, eſt, que quelque longue que ſa poſſeſſion ſoit ou qu'elle ait été, fut-ce de mille ans, jamais il ne peut acquérir l'ombre de propriété, quelques clauſes même de perpétuité qu'il y ait d'inſérées dans ſon titre; mille ans en effet de poſſeſſion, ne lui ſerviroit de rien, parce que le créancier antichréſiſte eſt cenſé jouir au nom de propriétaire, qui dans l'engagement eſt le Roi, lequel eſt libre de le poſſéder en lui rembourſant ſon principal; & tout ceci eſt vrai, atteſte Guyot.

Plus bas le même Auteur remarque, d'après Chopin & Loyſeau, que ſi l'engagiſte recueille quelque choſe en eſprit de maître, *animo Domini*, ce n'eſt & ne peut être que les fruits; de même qu'un uſufruitier, *pendente uſufructu*, lequel comme propriétaire des fruits cueillis, eſt libre d'en faire, dès ce moment, ce qui lui plait.

Loyſeau convient que l'engagement en ſoi, c'eſt-à-dire, de ſa nature,

nature, n'eſt qu'une ſorte d'uſufruit, & un uſufruit uniquement relatif à la choſe même ; c'eſt ce que démontre parfaitement Dumoulin, au §. 1. gloſſ. 1. n. 8, 9 & 10. *Quantum*, dit-il, *ad diſpoſitionem & affectum ipſius rei, tunc appellatione Domini etiam ſimpliciter, vel nullo verbo etiam generaliſſimo, nunquam venit uſufructus, nec verè, nec fictè, nec propriè, nec impropriè, quia nullomodò eſt Dominus in quá habet uſumfructum ; imò hoc eſſet impoſſibile & repugnans, cùm nunquam conſiſtat niſi in re alienâ.* Et comme diſent Chopin & Loyſeau, la vraie Seigneurie demeure en effet toujours au Roi.

Dupuis, des droits du Roi, chap. 5. du Royaume de Bourgogne, rapporte un ancien Arrêt de 1385, qui fait preuve de cette vérité, comme déjà connue dès ce temps-là : *non immerito*, porte cet Arrêt, *dei vicarius quoad Juriſdictionem temporalem appellari poſſumus ; jura noſtra regia, ad noſtræ ſuperioritatis cauſam pertinentia, præcribi, ſeu minui, vel aliter acquiri etiam per quodcumque temporis curriculum aboleri, vel à nobis abdicari non poſſint.*

Ces droits, en effet, ſont vraiment impreſcriptibles & inaliénables : nous en avons particuliérement la preuve dans le fameux Arrêt du 22 Avril 1551, pour le Comté de Clermont, entre la Reine Catherine de Medicis & l'Evêque de Clermont, lequel oppoſa en vain une poſſeſſion ſuivie de trois cens cinquante ans ; cet Arrêt ne fut d'abord que proviſoire, mais il devint définitif le 12 Septembre 1557 ; il eſt rapporté dans Chopin, liv. 1. titre 3. n. 7.

En fait de Domaine, diſent les Auteurs qui ont traité & approfondi cette matiere, notamment Guyot, l'on doit tenir pour certain que le Roi ne peut jamais remettre la faculté de rachat perpétuel : cela emporteroit aliénation que nos Rois eux-mêmes ont déclaré ne pouvoir être faite. Auſſi par l'Edit de 1695, nous voyons & nous remarquons, qu'en même-temps que le Roi ordonne l'aliénation de ſes Domaines à perpétuité, au même inſtant il déclare que les acquéreurs ne pourront toutesfois en être évincés ou dépoſſédés avant trente ans, ce qui eſt bien une preuve évidente que la faculté de rachat perpétuel eſt toujours ſous-entendue, inhérente & inſéparable de l'engagement.

Si l'on ne craignoit de paroître prolixe, l'on démontreroit bien autrement encore, toutes les grandes vérités que nous annonçons ; mais il faut des bornes, & nous allons nous réduire à l'autorité d'Argentré, & de quelqu'autres de la même conſidération.

D'Argentré, ſur l'ancienne Coutume de Bretagne, art. 266, dit : *Hæc regni ſacroſancta lex, quæ Reges ipſos & curias parlamentares ſacramento obſtringit, nec contra fieri patiantur ; hujus æterna autoritas & vindicatio ad procuratores Regios pertinet, immota, fixa & indiſpenſabilis, nec contra, Regum autoritas ; nec ulla temporum curricula, nulla ſæcula obſtinuerunt, nulli contractus, nulla commercia.*

G

* Chap. 5.
p. 183. & suiv.

Il faut que nous obfervions, d'après Guyot *, que les anciens engagemens n'étoient pas faits tous avec inféodation ; il n'y en avoit même que très-peu ; la plûpart étoient engagemens fimples : or, il eft à confidérer que, quoique les anciens engagiftes, qui fe font trouvés à même de profiter de la Déclaration du 4 Septembre 1696, qui les difpenfoit de rapporter leurs titres, aient été confirmés par cette Déclaration, & moyennant une augmentation de finance, dans leur poffeffion ancienne, pour jouir en conformité de l'Édit de 1695, cela n'a pu, ni dû changer leur titre, & encore moins les affranchir des conditions & reftrictions portées dans leurs engagemens : le Roi en effet n'a rien changé, rien innové en eux ; leur conceffion premiere eft reftée exactement & pofitivement la même qu'avant ; Sa Majefté les a feulement confervés dans leur jouiffance & poffeffion, & la leur laiffé telle qu'elle étoit, ou telle qu'elle devoit être : *qui confirmat, nihil dat de novo, fed datum tantùm confirmat.* Le fupplément de finance que ces anciens engagiftes ont été obligés de payer, ne leur a procuré autre avantage, que celui de pouvoir conferver ce qu'ils tenoient déjà, & rien de plus.

Il eft même à remarquer que par cette Déclaration de 1696 ils ne font réputés jouir qu'en vertu de leur premier titre, leur premier contrat, ce qui fait voir bien clairement, que ce n'a été en eux qu'une confirmation.

A la vérité, les engagemens, qui anciennement étoient faits à titre d'inféodation, formoient des conceffions en fiefs, tant pour l'utile que pour l'honorifique ; mais il faut remonter bien haut pour fe trouver à ces temps-là, & les chofes même, depuis des fiécles, ont bien changé : nous trouvons que le Bailli de Cau en Normandie, confultoit le Roi Philippes-le-bel en 1311, fur un droit de patronage prétendu par la Dame de Chambely & par fon fils, en vertu d'une terre du Domaine dont ils jouiffoient par engagement ; voici le récrit, tel qu'il eft rapporté dans la compillation du Louvre : *Tibi femper hoc refpondentes, quòd in generali conceffione quácumque, non intelligimus, nec intelligi volumus juftitiam altam, feagia, nec feuda nobilium, nec jura patronatús venire.*

Il eft évident, fuivant ce récrit, que l'on reconnoiffoit déjà dès ce temps-là, la néceffité qu'il y a d'inférer nommément dans les engagemens, chaque droit, chaque attribut, pour que les engagiftes puiffent en profiter ; mais cette néceffité a été bien mieux reconnue encore depuis, & l'on a diftingué les engagemens fimples, de ceux faits à titre d'inféodation : jamais, & dans aucun temps pour les premiers, ceux fimples, on ne leur a attribué autre chofe, que le feul & fimple utile.

A l'égard des autres, ceux avec inféodation, fi on les a favorifés quelquefois d'une portion de l'honorifique, il a fallu que cela fût nommément & expreffement marqué par le titre, & repris dans l'adjudication même, comme émanant de la Loi qui a autorisé la vente; & avec tout cela, l'inféodation & les honneurs dans l'engagiste, ne sont que fiction, sur-tout par rapport à l'inféodation qui, en quelques termes qu'elle soit stipulée & exprimée, ne peut jamais frapper sur la Seigneurie du Domaine, mais sur un être de raison : en effet, cette inféodation forme une sorte de fief imaginaire, anomal, irrégulier & contraire à la vraie nature des fiefs. Les engagistes, disent les Auteurs, & particuliérement Guyot, qui se trouvent avoir une inféodation par leurs titres, & en vertu de la Loi qui a autorisé leur engagement, n'ont rien pour cela du Domaine, qui ne peut jamais sortir des mains du Roi; *mais ils ont & ils tiennent une figure de fief, une image, ou plutôt une ombre représentative, qui leur tient lieu de vérité & de réalité : encore un coup, le Fief, la Seigneurie & la Justice Royale, sont, de leur nature, inaliénables, & ne peuvent jamais s'écliffer de la Majesté du Roi. D'ailleurs, pour que ces sortes d'inféodations, toutes imaginaires qu'elles sont, puissent avoir lieu, il faut, comme nous l'avons dit plus haut, que non-seulement l'adjudication y soit formelle, ainsi qu'on le voit dans l'engagement de la Terre de Blendecque, mais de plus, qu'elle soit relative à la Loi, en conséquence de laquelle elle est autorisée.

Nec est separabilis à regiâ dignitate. Mol. §. 2. hodiè 7. Gloss. n. 18.

Il est indispensable de mettre ici sous les yeux de la Cour, la forme de l'engagement de la Terre de Blendecque, que nous venons de citer; cet engagement est fait par les Archiduc Albert & Archiduchesse Isabelle-Claire-Eugenie, en faveur de Robert de Lens; il est dit & exprimé : » la Terre, Seigneurie, Sénéchauffée & Soyette de Blendecque, avec toute Justice haute, moyenne & basse, titre & préséance en l'Eglise, droit de chasse, pêcherie, volerie, reliefs & seigneuriaux, plantis, amendes, confiscation & ce qu'en dépend, consistant icelle en menues rentes ..... & généralement tout ce qu'en dépend, rien réservé ni excepté, tout ainsi que Nous & nos Prédécesseurs en avons joui & usé de toute ancienneté jusqu'à présent, *sauf néanmoins le son de cloche*, § AIDE & ressort.....suivant ce avons écliffé & séparé, éclissons & séparons par cesdites Présentes la haute, moyenne & basse Justice & revenus de ladite Terre & Seigneurie, Sénéchauffée & Soyette de Blendecque, des autres membres & parties de nos hauteurs, Seigneuries & Domaines de Saint-Omer, pour en jouir aux mêmes droits, honneurs, liberté, prééminence, franchises, tout ainsi qu'ont fait de tous temps les haut-Justiciers; donnant pouvoir audit sieur de Blendecque, ses hoirs, successeurs ou ayant causes, de créer, établir Mayeur, Echevins, Greffier, Sergent & autres Officiers nécessaires & généralement tout ce que pourrions prétendre, pour telle cause ou prétexte que ce fût, *tant en l'Eglise, qu'audition des comptes d'icelle, ensemble la pauvreté & autres de ladite Sé-*

§ *Le droit d'Aide, suivant notre Coutume, est absolument inhérent à la propriété, & ne peut s'en séparer.*

„ *néchauffée & Soyette de Blendecque*, fi avant & ainfi que pa-
„ ravant cette ceffion elle nous eût compété & appartenu ; &
„ cé en toute Juftice, haute, moyenne & baffe, comme dit eft,
„ fans que pendant ce temps, nos Baillis audit Saint-Omer, ou
„ leurs Lieutenans, préfens & à venir, ou quelques autres nos
„ Officiers, quels ils foient, aient ou puiffent prétendre civile-
„ ment ou criminellement, judicature aucune en ladite Terre,
„ ou entremife en maniere que ce foit..... A TENIR LE TOUT
„ (voici l'inféodation) EN UN SEUL FIEF ET HOMMAGE, DE NOUS
„ ET DE NOS SUCCESSEURS, COMME COMTE ET COMTESSE D'AR-
„ TOIS ET DE NOTRE CHASTEAU DE SAINT-OMER, *aux droits*
„ *de reliefs, feigneuriaux & autres accoutumés, à charge d'un*
„ *chapon de reconnoiffance par chacun an, à la recette de notre*
„ *Domaine de Saint-Omer, &c.*

Indépendamment d'un engagement auffi exprès & auffi formel
en tout, le fils & fucceffeur de Robert de Lens, n'a pas moins
échoué contre les Dames de Sainte-Colombe de Blendecque,
pour les honneurs & les droits honorifiques dans l'Eglife Paroiffiale, par Arrêt, au rapport de M. Bauchart, du 27 Juillet
1743, & cela, parce que la Terre de Blendecque, ou pour mieux
dire, le Domaine au Roi à Blendecque, n'avoit rien, ou peu,
dans fa directe & mouvance, fur le contour du cimetière & de
l'Eglife, tandis que les Dames de Sainte-Colombe poffédoient
un petit fief feigneurial, dont les tennemens entouroient prefque
tout le cimetière, & par conféquent l'Eglife ; tennemens qui leur
attribuoient, aux termes des difpofitions de la Coutume de la
Salle & Bailliage de Lille, art. 29, tous les droits honorifiques
& à l'exclufion de tous autres, ainfi que nous l'établirons dans
la feconde Partie.

Jamais, fur-tout dans ces matières, il ne faut perdre de vue
les principes, fuivant lefquels il faut dire qu'il ne peut réfulter
de droit & d'attribution en faveur d'un engagifte, que ceux d'a-
bord qui lui font nommément & expreffement concédés par fon
titre ; & il faut de plus que les droit & attribution foient pofi-
tifs, réels & certains dans le Roi même, à caufe de fon Domaine, & non fictifs & deftructifs de ceux de fes vaffaux.

M. le Comte d'Egmont voudra-t-il bien faire attention à toutes ces vérités, & confidérer quel eft fon engagement, & quel
eft fon titre ? N'eft-il pas pour le préfent fuffifamment inftruit ?
Lui faut-il mettre fous les yeux d'autres vérités encore ? Que fon
Confeil fe donne la peine feulement d'ouvrir Denifart, en fa col-
lection de Jurifprudence Françoife, il y apprendra que la propriété du Domaine engagé, demeure toujours au Roi ; c'eft pourquoi, dit l'Auteur, l'engagifte n'eft confidéré que comme un
ufufruitier ; auffi, ne peut-il ni accenfer le Domaine, ni le fous-
inféoder ; il ne jouit pas des droits honorifiques dépendans du
Domaine, & n'a de lite ou ceinture funébre, à moins que cela

ne

ne lui eût été nommément & expreſſément concédé par le titre d'engagement, en conformité d'une Loi qui en a autoriſé l'aliénation : & le même Auteur ajouté enſuite, que l'engagiſte ne peut pas non-plus recevoir les foi & hommage, ni même donner l'enſaiſinement, mais peut recevoir les droits utiles.

Il faut avoir attention ici, que Deniſart n'entend parler que d'engagiſte à titre d'inféodation ; pour les autres ils n'ont d'aptitude à autre choſe, qu'à la ſimple & unique perception des fruits ; ceux-là ſont exactement des antichréſiſtes ; mais pour ceux à titre d'inféodation, ils ſont quelque choſe de plus, ſans pouvoir cependant & indépendamment de toute conceſſion, recevoir les foi & hommage, ni rien de ſemblable ; le texte de l'art. 15 de l'Ordonnance du Domaine, y eſt exprès : *les réceptions des foi & hommage*, y eſt-il dit, *des fiefs dépendans des terres Domaniales, en cas d'aliénation d'icelles, nous demeureront & appartiendront & à nos ſucceſſeurs ; & les profits du fief, foi & hommage & ce qui en dépend, à ceux à qui les terres ſont duement & licitement transférées & concédées.*

Rien donc de plus évident ; le Domaine de la Couronne eſt en effet inaliénable, impreſcriptible, impatient de tout titre tranſlatif de propriété incommutable & de propriation parfaite ; à quelque titre que le Domaine ſoit engagé, aliéné, il eſt toujours ſous-entendu à faculté de rachat perpétuel, & la vraie Seigneurie reſte entiérement au Roi ; c'eſt ce qu'atteſte Guyot, *quoquomodò*, dit-il, que l'engagement ſoit fait ; & cet auteur ajoute, que ce ſont des vérités qu'il n'eſt pas poſſible que perſonne les révoque en doute.

Mais, nous dira-t-on, qu'eſt-ce donc qui paſſe à l'engagiſte ? Le voici, rien autre choſe que le ſeul utile, plus ou moins étendu, quelquefois même à l'engagiſte à titre d'inféodation, certains honneurs & une ſorte d'honorifique, mais fictif, car le vrai honorifique reſte conſtamment au Roi : enfin l'engagiſte à titre d'inféodation n'a de réel, comme l'autre, qu'une jouiſſance toujours précaire & incertaine dans l'avenir, jouiſſance qui n'a pas ſeulement l'avantage de celle à vie, telle eſt ſa condition ; l'eſpèce d'uſufruit qu'elle préſente eſt imparfait, anomal & irrégulier, d'une nature toute différente des uſufruits ordinaires, nature ou eſpèce d'uſufruit qui n'eſt propre & ne convient qu'à l'engagement ſeul, & qui, de quelque côté qu'on l'enviſage, n'offre à l'idée que choſe bizarre & extraordinaire.

Guyot, dans ſon ſçavant Traité, fait cette remarque & cette réflexion, qu'il arrive ſouvent que quand les engagiſtes par leur titre & leur conceſſion, ont la haute Juſtice, ils s'imaginent avoir le droit de s'attribuer la qualité de Seigneurs, & exigent en conſéquence les honneurs, les droits honorifiques, au préjudice des moyens & bas Juſticiers : ſur cela il poſe une diſtinction, il écarte d'abord les engagiſtes ſimples, & diſtingue parmi ceux à titre d'inféodation, les anciens & les nouveaux, ceux dont les engagemens ont été faits en exécution des Edits & Déclarations de 1591, 1695, 1702 & 1703; l'Auteur dit, qu'à l'égard de ceux-là, on doit se conformer au prescrit de ces Edits & Déclarations; mais que pour les autres, ils n'ont droit de rien; que l'Ordonnance du Domaine est sur cela positive, claire & certaine.

Cette Ordonnance prouve en effet, que l'honorifique vrai & éminent, qui est la conséquence infaillible de la vraie Seigneurie, reste constamment au Roi; & que cet objet ne peut pas plus s'éclipser de ses mains, que la Seigneurie même : d'ailleurs la preuve certaine que les engagistes de la haute Justice n'ont pas les droits honorifiques en vertu de la concession * de la haute Justice, c'est que par la Déclaration du 13 Mars 1696, il est ordonné que ces droits honorifiques soient vendus aux engagistes mêmes de la haute Justice : ce qui prouve évidemment, que l'attribution de la haute Justice ne porte aucunement par elle-même, sur les droits honorifiques; & delà il doit résulter, qu'avant l'époque de la Déclaration du mois de Mars 1696, aucun engagiste n'avoit droit de s'attribuer les honneurs & les droits honorifiques.

Les engagemens anciens étoient même la plûpart, comme celui de la Châtellenie d'Eperlecque, sans ombre d'inféodation : or tous ces engagemens, de même que ceux faits postérieurement mais sans titre d'inféodation, ne forment & ne présentent, suivant que l'atteste Guyot, que des contrats uniquement pignoratifs, *mutuus usus pignoris pro credito;* contrats qui ne peuvent avoir trait qu'à la seule & simple perception des fruits du Domaine oppignoré, & le tout par forme d'intérêt, § jusqu'à ce qu'il plaise au Roi rembourser les deniers par lui empruntés; & dans l'exacte vérité, ces créanciers ne sont nullement faits pour aspirer jamais aux honneurs & aux droits honorifiques, comme le démontrent parfaitement Chopin, liv. 3, chap. 19, n. 3; & Loyseau liv. 4, des Offices, chap. 9.

Enfin, il doit résulter de tout ceci, un tableau de la triste & singuliere position où se trouve M. le Comte d'Egmont, & vis-à-vis de Sa Majesté, & vis-à-vis du sieur le Roy, sur-tout d'avoir osé, sans aucun droit, sans aucune qualité possible, contester au sieur le Roy, les droits, les attributs les plus certains de ses Seigneuries. Bien en vain M. le Comte d'Egmont chercheroit à faire valoir une possession qu'il n'a jamais eue, & qu'il ne peut avoir, on le renverroit à ce qui a été jugé en 1557, pour le Comté de Clermont, entre la Reine Catherine de Medicis, & l'Evêque de cet endroit, lequel, comme on l'a dit plus haut, excipoit d'une possession paisible, tranquille & suivie, tant par lui que ses devanciers, de trois cens cinquante ans.

Encore un coup, M. le Comte d'Egmont est sans titres, du moins il n'en a exhibé aucun jusqu'à présent, dans la crainte, sans doute, qu'ils ne contournent contre lui : or, se présentant sans titres, il eſt donc ſans droit, ſans qualité; par conſéquent il ne peut être recevable, ni aucunement être écouté.

Pas moins, ſes gens d'affaire font tout le fracas; ils ſe portent à des extrêmes fâcheux, & ne rougiſſent pas de couvrir généralement tous leurs procédés injuſtes du nom de leur Maître. C'eſt à la faveur d'un nom ſi reſpectable, qu'ils cherchent à en impoſer; ils moleſtent généralement tous les vaſſaux de Sa Majeſté, dans la partie de la Châtellenie d'Eperlecque, & portent leur eſſor bien plus loin encore, c'eſt qu'ils accablent, ſous le poids d'une autorité ſuppoſée, les Seigneurs particuliers, les Seigneurs voiſins. Rien de plus criant enfin que les voies de faits, les voies d'autorité qu'ils pratiquent chaque jour; ils ont mis le plus beau Village d'Artois en combuſtion, ont fomenté les diviſions, les querelles parmi les habitans, & tout ne retentit aujourd'hui dans ce Village malheureux, infortuné, que de procédures; enfin, relativement au ſieur le Roy & ſes prédéceſſeurs, n'eſt-ce pas une horreur, que de voir les inſtances, les procédures auxquelles ils donnent l'être? Ces procédures ſe préſentent ici au nombre de dix, & elles ſont toutes de la même trempe. Que M. le Comte d'Egmont ouvre donc les yeux ſur la conduite de ſes Officiers, de ſes gens d'affaire; qu'il perce le voile épais, & il verra jour ſur ſes propres intérêts; car il s'eſt paſſé des choſes criantes juſqu'aujourd'hui. Le ſieur le Roy ne rougira jamais de lui dire qu'il le reſpecte, qu'il plaide & plaidera toujours, avec le plus grand regret, contre un Seigneur auſſi bon & autant reſpectable, mais il eſt forcé ici de défendre ſes droits, ſes poſſeſſions & ſes propres intérêts.

SECONDE PARTIE.

Ce n'eſt pas aſſez pour le ſieur le Roy, d'avoir démontré l'exacte poſition de ſon adverſaire, il faut maintenant qu'il expoſe la ſienne dans le plus grand jour; qu'il commence par mettre ſous les yeux de la Cour l'état certain de ſes Seigneuries; qu'il faſſe voir enſuite quels en ſont les droits, les attributs, & établiſſe le tout victorieuſement, ſuivant ſes titres & ſes poſſeſſions.

Les Seigneuries du ſieur le Roy, ſont au nombre de quatre, & toutes quatre d'une vraie conſidération, tant à Eperlecque, que dans Eperlecque : trois notamment, qui font l'objet ici de toutes les procédures, par un eſprit de convoitiſe & de jalouſie de la part de tous les gens d'affaire des Comtes d'Egmont anciens & moderne, peuvent éprouver ſans crainte tout examen & de bien près; elles ne peuvent même en cela qu'y gagner beaucoup, parce que leurs droits, leurs prérogatives & attributs, ſont évidemment certains.

L'une de ces Seigneuries, qui vraiment eſt la première du Village & de la Paroiſſe, a été, par cette juſte conſidération, ſurnom-

mée, ou pour mieux dire, décorée en tous temps du nom mêm
du Village. La preuve de ce fait n'est pas équivoque, mais résult
d'une foule de titres anciens, & tous également respectables; l'a
nalyse ou l'extrait de quelques-uns suffira ici, pour ne pas abuse
des momens précieux de la Cour.

<table><tr><td>* L'extrait
en est produit
sous la cotte I.</td><td></td></tr></table>

L'un de ces titres est un ancien registre * de 1532, dont l'in
titulé en grosses lettres anciennes, annonce suffisamment ce qu'i
contient: REGISTRE, y est-il dit, *des Seigneuries & Terres d*
LHOIR D'EPERLECQUE *& du Coiselin, appartenant à noble homm*
François d'Audenfort, auquel registre sont enregistrées & écrites le
venditions, desaisinnes & saisinnes faites des héritages & rentes t
nues desdites Seigneuries, ensemble les exploits de Justice qui
sont faits en icelle, commenchant en l'an mil cinq cent trent
deux.

Il faut remarquer que ce registre, qui forme un gros volume
prouve par-tout deux vérités incontestables; l'une que la Sei
neurie de Lhoir jouissoit de ce temps, de l'avantage d'être su
nommée du nom du Village; l'autre qu'elle excerçoit en plei
de même que celle de Coiselin, qui lui a toujours été conjointe
les droits de toutes Justices foncieres & vicomtieres.

<table><tr><td>§ Cotte G.</td><td></td></tr></table>

Un second titre que nous produisons pareillement, § est u
autre registre, ou du moins son extrait, dont la minute est en
Chambre des Comptes près la Cour, lequel registre contient
dénombrement de tous les Fiefs considérables dans le ressort
Bailliage de Saint-Omer, qui fut dressé par ordre du Duc
Bourgogne, du 6 Décembre 1473; voici ce qu'il y est dit,
folio CXI. recto: *s'ensuivent les Fiefs tenus de Monseng*. le D
de Bourg. *à cause de son Chastel d'Esperlecque, &c.* PRIME
Jacques Seng. *du Vrolant, Ch*. *tient ung Fief dudit Chaste*
nommé LE LOIR-DESPRELECQUE, *qui se comprent en manoirs, J*
dins, preys, patures & terres hanables, rentes & autres choses
valeur par chacun an, &c.

A la vue de ce titre & de son énoncé, peut-on douter de l'e
cellence & de la primauté de cette Seigneurie? Elle y est repri
comme l'on voit, pour la premiere du lieu, & celle à qui le s
nom du Village convient & appartient.

<table><tr><td>¶ Cotte I.</td><td></td></tr></table>

Mais nous produisons quelque chose de mieux encore, c'
une sorte de Cartulaire ¶ ou terrier, sur parchemin, de la pl
belle & de la plus ancienne écriture, qui prouve parfaiteme
que la Seigneurie de *Lhoir* prenoit indifféremment le nom
surnom du Village, c'est-à-dire, qu'elle étoit également appel
du nom de *Lhoir-d'Eperlecque*, comme de celui *d'Esplecq*,
prelecq, ou *Esperlecque* tout court. Voici comme ce titre respe
table par son antiquité commence: *Ch. sont les hommages qui s*
tenus de Monsengneu Anthoine Sengneu du Vroilant, de Erin &
*Cocove, à cause de se Terre & Sengneurie d'*ESPERLECQUE, *no*
mée LOIR-D'ESPERLECQUE, *fait en l'an mil iiij* C. *& lxviij.*

Primes, *Loys de Salprint tient ung homage giſſant en tout* LE
PLACHE D'ESPLECQUE, *qui doit, &c.*

Plus loin au *fol.* 4 *verſo* de ce même titre, il eſt dit: *Ché ſont
toutes les rentes de cappons & glenes qui ſont dues à Monſengneu
Anthoine du Vroilant, à cauſe de ſe Sengnourie* D'ESPERLECQUE,
*dont mond. Sengneu prend les rentes & reliefs quand le cas y eſ-
quiet.*

Enſuite au *fol.* 6 auſſi *verſo* .... *ché ſont tout les rentes d'argent
de Monſengneu Anthoine du Vroilant qu'il tient de le Chatelle-
nie d'Eſperlecque, nommée Loir-d'Eſperlecque, leſquelles rentes
ſont bailliées oult par rapport des cotteries, fait & renouvellé l'an
mil iiij* C *lxviij.*

Enfin au *fol.* 17 *verſo*, on lit: *S'enſuivent cheux qui doivent
rentes à Clai de Lomprey* (arriere-fief) *tenu de Monſengneu Anthoine du Vroilant, à cauſe de ſe Sengnourie* D'ESPERLECQUE.

Peut-il reſter le moindre doute d'après ce titre, & ceux que
l'on a cru devoir rappeller avant, que cette Seigneurie ne ſoit la
premiere de celles d'Eperlecque, & que le droit de prendre &
de porter le nom ou le ſurnom de ce Village, ne lui appartienne?

Il eſt un autre titre dans les productions du ſieur le Roy, d'une
époque plus ancienne encore que celui que nous venons de rappeller, & qui exprime preſque la même choſe; celui-là n'eſt pas,
comme l'autre, en parchemin, mais eſt en papier, aſſez en mauvais état, d'une écriture à peu près ſemblable, c'eſt-à-dire, très-
ancienne.

Lors des conteſtations du ſieur Caucheteur en 1727, avec le
pere du Comte d'Egmont d'aujourd'hui, le ſieur Caucheteur pro-
duiſit deux titres, repris même dans le vû du Jugement des Officiers dn Bailliage de Saint-Omer; l'un du 23 *May 1484,* & l'autre du 28 *Avril 1603* : le premier de ces deux titres, offre un
contrat de vente, & en même temps une ſaiſine & déſaiſine de
la Terre & Seigneurie de Lhoir, dans lequel contrat, ou acte de
juſtice, il eſt dit » que Jacques, Seig.^r du Vrolant & d'Erin (qui
» étoit fils d'Antoine) & Jehanne de Berghes ſa femme, tranſ-
» portent au profit de ſire de Wiſſocq, ung Fief, Terre & Sei-
» gneurie, nommé LHOIR-D'ESPERLECQUE, que l'on dit tenu de
» très-noble & puiſſante Dame, Madame Antoine de Rambures,
» Comteſſe de Meghem, Dame de Humbercourt , &c.« *Lequel
Fief,* ajoute-t-on, *ſe comprend & étend en pluſieurs rentes, cenſes,
louages, & en pluſieurs* HOMMAGES FÉODAUX & *coteries, tenus &
mouvans dudit Fief, & en Juſtice & Seigneurie fonciere &* VICOM-
TIERE, *avec tous les droits, autorité & Seigneuries qui y appartiennent, &c.* Enſuite de quoi, à l'endroit de la déſaiſine & ſaiſine, il eſt expreſſément porté. *Nous Bailli, par Jugement & en-
ſeignemens des francs-hommes, ſur ce, de rechef de nous conjurés,
avons baillé & adjugé par teneur des préſentes, baillons & adju-
geons à Pierre de Saint-Amant, Conſeiller en Cour-laye, au profit*

dudit sire de Wissocq, la possession & saisine réelle, fonciere & propriétaire dudit Fief, Terre & Seigneurie de LHOIR-D'ESPERLEC-QUE, *& de tous droits y appartenans, &c*

Si des énonciations dans des titres anciens, suivant le célébre Dumoulin, font titres, de quel poids celles-ci ne doivent-elles pas être ?

L'autre titre, celui du *28 Avril 1603*, n'a trait qu'aux deux Seigneuries de Nort'hout-oostoucq, & de Nort'hout-westrove: c'est une expédition * ancienne de contrat de vente de ces deux Terres & Seigneuries, par Messire Claude de Croy, au profit de Me. Jean de Brandt, Conseiller au Bailliage de Saint-Omer, & de la Demoiselle le Noort son épouse. Par ce contrat, les deux Terres & Seigneuries sont qualifiées, vendues nommément & expressément pour Seigneuries foncieres & VICOMTIÈRES, avec tous les droits & attributs compétans à semblables Seigneuries: mais cette vente essuya un retrait, comme l'on peut voir par les piéces qui sont jointes à ce titre; retrait qui fut intenté de la part de François-Henri de Croy, en date du *14 Octobre 1606*, & qui ne fut consommé que le *29 Juin 1613*, par acte consenti par ladite le Noort & son fils.

Inutile de nous arrêter plus long-temps aux productions du sieur le Roy, il s'agit maintenant de parler Coutumes, & Coutumes de l'espèce de celles d'Artois, c'est-à-dire, de Coutumes Vicomtieres; faire voir que, suivant les dispositions formelles de ces Coutumes, les Seigneuries du sieur le Roy ne peuvent être considérées autrement que comme Seigneuries Vicomtieres, formées & créées telles dans le principe de leur inféodation: établissons ces vérités.

Il faut tenir d'abord pour certain en Artois, que Seigneurie & Justice sont synonimes; qui a Seigneurie, a Justice; & qui a Justice, a Seigneurie.

L'on distingue trois sortes de Justices dans cette Province, ainsi que dans toutes celles qui l'avoisinent; la haute, la Vicomtiere, & la troisiéme, qui est celle Fonciere, autrement dit, la basse-Justice.

Qui a la haute, a les deux en-dessous; c'est-à-dire, doit les comprendre, si des Vicomtiers ou des Fonciers ne les ont, au lieu du Haut-Justicier: & qui n'a que la Vicomtiere, ne peut avoir précisément que la basse en-dessous.

La Seigneurie Vicomtiere, appellée assez souvent la moyenne Justice, quoique bien différente des moyennes Justices en France, se distingue en deux espèces; l'une qui est telle d'essence & par sa nature, c'est-à-dire, créée, formée telle par sa constitution, & dans le principe de son inféodation, & l'autre, qui n'est Vicomtiere, ou réputée telle que par accident, par pure concession d'une simple qualification, c'est pourquoi celle-là a besoin d'un titre qui la caractérise, sans quoi elle ne seroit que fonciere, &

rangée dans la claſſe des Seigneuries de baſſes Juſtices ; tandis que la premiere n'a beſoin d'autre preuve de ſon exiſtence, de ſon titre & de ſa qualification, que ſon exiſtence même : les hommagers, les féodaux dont elle eſt compoſée, ne ſeroit-ce que d'un ſeul, ſuffiroit à la preuve de ce qu'elle eſt, & lui donneroit tous les attributs qui en ſont la ſuite certaine & inconteſtable.

C'eſt de ces Seigneuries vraiment Vicomtieres & du premier ordre, que ſont celles du ſieur le Roy, & dont il eſt ici queſtion : la premiere, qui eſt celle de Lhoir-d'Eperlecque, compte juſqu'à trente-deux fiefs, & par conſéquent autant d'hommagers ou hommes féodaux pour deſſervir ſa Juſtice, parmi leſquels il s'en rencontre qui ont Juſtice & Seigneurie fonciere, même d'une aſſez grande étendue.

La ſeconde, celle de Nort'hout-Ooſtoucq, communément dite l'Ooſtout, n'a à la vérité que trois fiefs & trois hommes féodaux dans ſa dépendance, mais ce nombre ſuffit pour une Cour complette en Artois, à l'adminiſtration de la Juſtice Vicomtiere.

La troiſiéme, qui eſt celle de Nort'hout-weſtrove, en compte treize, parmi leſquels quelques-uns ont également Juſtice & Seigneurie fonciere, également d'une aſſez grande étendue.

Comment ſe peut-il maintenant d'après cela, que des Seigneuries de l'eſpèce de celles du ſieur le Roy, puiſſent devenir l'objet des inſignes conteſtations, que depuis long-temps on leur fait éprouver ? Que M. le Comte d'Egmont, à qui nous rendons de toute notre ame cette juſtice de le croire judicieux, voit du moins les choſes par lui-même, ſans s'en attendre déſormais à ſes Officiers & gens d'affaire, la plûpart ignorans ou injuſtes & mal-intentionnés, & peut-être l'un & l'autre à la fois ; car enfin tout ce qui ſe paſſe ſous le nom de M. le Comte d'Egmont relativement à Eperlecque & vis-à-vis du ſieur le Roy, eſt bien injuſte & criant ; ſes gens ne s'embarraſſent pas de fronder, comme on l'a dit & fait voir plus haut, les droits du Souverain & ceux en même-temps de ſes vaſſaux & féodaux ; ils ne reſpectent ni titres, ni Coutumes, ni Loix, ni Ordonnances ; ils ſe croient au-deſſus de tout. Que M. le Comte d'Egmont ſe faſſe inſtruire de tout ce qui ſe paſſe, qu'il conſulte & voit ce qui eſt de juſtice, en faiſant examiner les diſpoſitions des Coutumes d'Artois & de celles voiſines, il ſçaura la différence qu'il y a entre un Vicomtier & un autre Vicomtier, entre celui de la premiere claſſe & celui de la ſeconde ; qu'il recoure à Maillard, Commentateur de cette Coutume, au mot *foncier* repris au texte du premier article, il y verra » que le foncier eſt celui qui n'a dans ſa mouvance que des héri- » tages couïers, ou roturiers, ou de main-ferme ; car, dit le Com- » mentateur, *s'il y avoit un fief, il ſeroit Vicomtier.*

L'art. 4 de la même Coutume, diſpoſe que *le Seigneur Vicom- tier, outre les droits du foncier par ſes hommes féodaulx, a la con- noiſſance, judicature & punition de ſang,* &c.

Le Commentateur sur cet article, au mot *Vicomtier*, dit, que » dès le moment qu'un Seigneur a un homme de fief, c'est-à- » dire, qu'il a un fief dans sa mouvance, il a Seigneurie Vi- comtiére.

L'art. 32 de la même Coutume, porte, *qu'il est loisible au Seigneur Vicomtier, ayant ung ou plusieurs hommes féodaulx pour servir sa Court & Justice, pour icelle sa Justice exercer, de donner en fief une partie de son fief & héritage, &c.*

Me. Maillard sur cet article, remarque que ce gérondif, *ayant ung*, doit se résoudre ainsi, *si le Vicomtier a*; » car, dit-il ensuite, » si le Vicomtier n'a pas en effet au moins un homme de fief, il » n'a ni Cour, ni Justice Vicomtiere; n'a pas besoin par consé- » quent de se faire des hommes pour une Justice qui ne peut faire » exercer.

Tel est en effet, le Vicomtier de la seconde espèce que nous avons distingué ci-devant.

Art. 33 de la même Coutume : *ung Seigneur Vicomtier qui n'a qu'un homme de fief, peut emprunter de son Seigneur Souverain des hommes de fief pour porter ses Jugemens, &c.*

Le Commentateur sur ce texte, à l'endroit de l'adverbe, *seulement*, infere que le Vicomtier qui a seulement un homme de fief pour vassal, ayant dès lors commencement de Cour & de Justice (comme pour l'exercer il lui faut réguliérement trois hommes) il est juste qu'en ce cas, il en emprunte à son Seigneur dominant.

Le même Commentateur, pour certiorer d'autant plus les vé- rités qu'il annonce dans son commentaire, renvoie aux Coutu- mes de Beauquêne & de Montreuil, comme Coutumes également Vicomtieres & analogues en toutes leurs dispositions à celle Gé- nérale d'Artois, & en ayant même fait partie autrefois.

Voici ce que dit la Coutume de Beauquêne sur l'état & exis- tence du Seigneur Vicomtier, art. 6. *Si quelconque Seigneur en fief a un homme de fief, qu'on dit communément de Cour, ou plu- sieurs hommes, qu'on dit pleine Cour, il a Justice de V I C O M T É; & s'il n'a qu'un homme de fief, pour faire un Jugement, il peut em- prunter hommes pour ce faire.*

Celle de la Prévôté de Montreuil, art. 50. présente la même décision; il y est dit: *La Coutume de ladite Prévôté de Montreuil est telle, que quiconque a un fief ou noble tennement & la cause d'icelui, a un homme de fief, ou deux hommes de fiefs, qui est commencement de Cour; il a Justice* VICOMTIERE *en son fief, & peut emprunter homme de fief à son Souverain, ou à son compa- gnon qui tient de son Souverain, &c.*

D'après des Loix, des dispositions de Coutumes autant unifor- mes & autant expresses, pourra-t-on jamais concevoir l'idée des Comtes d'Egmont, ou pour parler plus juste, celle de leurs Offi- ciers anciens & modernes, de vouloir dégrader & déshonorer, en quelque sorte, les Seigneuries du sieur le Roy, & les ravaler

au

au point de vouloir les réduire à de simples Seigneuries foncieres, lorsqu'elles portent en elles le caractère indélébile & ineffable de Seigneurie vraiment Vicomtiere ? Concevra-t-on la mauvaise manœuvre pratiquée en 1684, lorsque l'on a sçu engager Balthazar-Joseph de Croy à fournir & présenter un rapport, à l'insçu de sa femme, au Comte d'Egmont d'alors, dans lequel on supprime le propre titre de ces Seigneuries, cette supercherie est-elle pardonnable ? Est-il plus pardonnable encore d'attenter directement, comme l'on a fait par la présentation de ce rapport, aux droits du Seigneur Roi & à ceux également de ses vassaux ? Rien n'étoit si visible que la fraude qui caractérisoit ce rapport en tout & partout, mais particulièrement à l'égard de la suppression de leur titre de Seigneurie Vicomtiere, titre, qui malgré tout, se faisoit jour & s'affichoit de lui-même, par le détail & le dénombrement des fiefs & des Seigneuries mêmes exprimés dans le rapport, comme appartenans à la directe & mouvance immédiate de ces Seigneuries, l'assujettissement sur-tout des possesseurs de ces fiefs & Seigneuries au service des plaids, & bien mieux encore la reconnoissance par eux du droit d'Aide en faveur de leur Seigneur direct & de leur Seigneur dominant.

Le droit d'Aide en effet n'est dû & ne peut être perçu, suivant la Coutume, que par un Seigneur ou haut-Justicier, ou pour le moins Vicomtier, qui ait dans sa directe & mouvance immédiate des vassaux & féodaux : Voici ce que porte l'art. 38 de la Coutume générale d'Artois : *Tous haulx Justiciers & Vicomtiers ont droit d'Aide sur leurs hommes de fiefs & vassaux, quant leur fils aîné recheoit l'ordre de Chevalerie, ou que leur fille aînée se marie.*

Il est donc certain que ce droit seul suffiroit pour démontrer que les Seigneuries du sieur le Roy sont pour le moins Vicomtieres, & qu'en cela elles vont de pair avec celles de haute-Justice, & haute-Justice même de la premiere classe ; car il en est des Seigneuries de haute-Justice, comme des Seigneuries Vicomtieres du second ordre & de la seconde classe, qui n'ont que le titre en leur faveur, n'ayant ni fiefs, ni féodaux dans leurs mouvances, & à celles-là il n'est pas question du tout de droit d'Aide.

Nous croyons de plus devoir observer qu'en Artois, ainsi que dans toutes les Coutumes Vicomtieres qui l'avoisinent, il n'y a guere de différence entre un haut-Justicier & un Vicomtier ; que non-seulement ils vont par-tout, presque de pas égal, mais en outre que la forme & la composition de leur Justice est en tout semblable ; un Bailli, & au défaut d'un Bailli, un Lieutenant, des hommes féodaux, un Procureur d'office, un Greffier & un Sergent, en font toute la structure & la composition. Le Vicomtier comme le haut-Justicier a, par les hommes, judicature & punition du (*l*)

(*l*) Il est constant que le Vicomtier & la Justice Vicomtiere, participent des droits du haut-Justicier & de sa haute-Justice en bien des rencontres ; l'art. 4 de la Coutume générale d'Artois, & celui 81 de la Coutume du Ponthieu, attribuent au Vicomtier la connoissance du

fang & du larron jufqu'à la mort inclufivement ; voici ce que
porte l'art. 4 de la Coutume générale d'Artois : *Le Vicomtier,
outre les droits du Foncier, par fes hommes féodaulx, a connoiffance, judicature & punition du fang jufqu'à foixante fols parifis
inclufivement; & du larron jufques à la mort, & autres punizions
en deffous inclufivement, fauf le banniffement.*

Il eft facile d'appercevoir , d'après les attributs du Vicomtier
portés par cet article, pourquoi en Artois il va de paire & exclut
même fouvent le haut Jufticier en fait d'honneurs & de droits
honorifiques ? Pourquoi, dis-je, dans cette Province comme dans
toutes celles qui l'avoifinent, l'article 29 de la Salle & Bailliage de
Lille en forme le droit commun ? Vérité que nous démontrerons
à ce moment, après que nous aurons dit encore un mot fur la
conformité des droits du haut-Jufticier & du Vicomtier. En Artois, par l'art 35 de la Coutume générale, le Vicomtier y a droit
de fourche patibulaire ; voici ce que dit cet article : *Ung Seigneur
Vicomtier peut avoir fourcque à deux piliers pour y faire juftice de
larrons.*

Si en cette Province le haut-Jufticier en prend trois & quelquefois quatre, ce n'eft pas que la Coutume les lui accorde, car elle
eft muette fur cet objet à fon égard : le Vicomtier l'emporte encore en ceci fur le haut-Jufticier, qu'il a à lui feul la Juftice, Police, les droits, profits & autres émolumens & attributs fur les

fang & du larron : cette connoiffance du fang eft fans contredit celle du meurtre fans guet-à-
pens, & celle du larron eft le vol : l'un & l'autre de ces cas emportent peine de mort ; auffi
l'art. 4 de la Coutume générale d'Artois difpofe expreffément , que le Vicomtier *a la connoiffance du larron jufqu'à la mort* , & celui 7 de l'ancienne Coutume particuliere du Bailliage de
Saint-Omer, ajoûte , *pofé qu'il doive être pendu & étranglé.* Ce qui fait voir que la Juftice Vicomtiere n'eft pas une moyenne Juftice à l'inftar de celles de France, mais une haute Juftice,
ou au moins un démembrement & une portion ou partage de la haute Juftice ; ce qui eft bien
différent en France, où le moyen Jufticier, tant s'en faut, connoiffe des crimes qui emportent peine de mort , c'eft qu'il n'a pas feulement la connoiffance des délits qui peuvent em-
porter peine infamante ; il ne connoît précifément & en effet que des affaires ordinaires &
purement civiles. De-là il eft donc certain que l'on ne peut fenfément envifager les Juftices
Vicomtieres comme des moyennes Juftices ; cette vérité frappe à la derniere évidence ; & de
fait, toutes les Coutumes qui admettent les Juftices Vicomtieres, prouvent que c'eft une
émanation & un partage vrai de la haute-Juftice ; ces Coutumes affocient perpétuellement le
Seigneur Vicomtier avec le haut-Jufticier ; que l'on parcoure celle générale d'Artois, celle
du Ponthieu & toutes les autres généralement du pays Vicomtier, mais particulièrement celle
de Lille fur le fait des honneurs & des droits honorifiques : & cette concurrence eft telle que
s'il arrive que l'exercice du droit contefté fe préfente dans le fief ou la mouvance du Vicomtier, il l'emporte fans ombre de difficulté fur le haut-Jufticier, & au contraire le haut-Jufticier l'emporte fur le Vicomtier, fi l'objet contefté eft dans le fief ou la mouvance du haut-
Jufticier. Cette maniere de régler les conteftations qui peuvent naître entre ces deux Seigneurs concurrens, eft dans l'efprit & le genie de ces Coutumes : on en trouve par tout la
preuve & les exemples , & au furplus la confirmation dans la faine Jurifprudence des Arrêts.
Il n'eft perfonne qui ne fçache que M. de Richebourg, à qui le Public eft redevable de fa
fçavante compillation du nouveau Coutumier général , imbu de nos Coutumes, & en ayant
une entiere connoiffance , n'ait dit avec fondement, que dans ces Coutumes , fous la défi-
gnation de Jurifdictions, Juftices, Seigneuries Vicomtieres, l'on doit entendre tout autre
chofe que la moyenne Juftice ; car, ajoute ce fçavant Jurifconfulte , une partie des droits,
qui, dans les autres Coutumes appartiennent à la haute-Juftice, font dans celles-ci attribués
à Juftice & Seigneurie Vicomtiere, & cela eft exact, outre les cas de la punition du fang &
du vol, c'eft que le Vicomtier a pardeffus tout pleine judicature en matiere civile & fur le
fait de police, hors les cas qui depuis les dernieres Ordonnances font attribués nommément
aux Juges Royaux.

chemins, voiries, flots & flégards. Voici ce que porte l'art. 5 de la Coutume générale d'Artois : *La Justice de Vicomte se extend ès flots & flégards, chemins & voiries étant à l'encontre des tennemens de son fief : en fachon, se les héritages d'un côté & d'autre sont à lui, ou de lui tenus, telles voyes & chemins & ce qui y croist du tout, le droit de Justice & de Seigneurie d'iceulx lui appartient; & se les héritages de l'un des côtés sont seulement tenus dudit Seigneur Vicomtier, ladite Justice s'extend en la moitié seulement desdits chemins & à l'endroit d'iceulx tennemens.*

Bauduin, ancien Commentateur, dit sur cet article, *adde & alia loca communia & publica, quod nominatim additum in confuetudine Audomarensi, quæ est conformis huic generali ; & ratio hujus articuli*, ajoute ce Commentateur, est qu'il n'y a pas de plus apparent Justicier desdits lieux, que le voisin & prochain Seigneur, *cui sane applicari potest : hic optime convenit lex, quæ religiosis adhærent, religiosa sunt, &c.*

Les droits du Vicomtier sont exactement les mêmes dans le Bailliage & la Châtellenie de Lille ; c'est pour cela que le Vicomtier, ainsi qu'on l'a dit & observé plus haut, est appellé concurremment avec le haut-Justicier, pour les honneurs en la Paroisse & les droits honorifiques dans l'Eglise ; l'art. 29 de la Coutume y est exprès, *un Seigneur haut-Justicier ou* * *Vicomtier, est-il dit, ayant tous les héritages ou la pluspart d'iceux abordans au cimetiere de l'Eglise Paroissiale étant en son gros de fief, ou tenu d'icelui, est réputé Seigneur temporel & fondateur de ladite Eglise, s'il n'appert du contraire, auquel Seigneur, son Bailli ou Lieutenant, appartient de par l'avis du Curé, ou Vicegerent & Paroissiens, créer & instituer Clerc Paroissial, Ministres, Marglisseurs & Charitables des Pauvres, les déporter & instituer autres ; ouir les comptes qu'ils rendent de leur administration, les signer ; aller à la Procession, portant blanche verge par sondit Bailli, ou Lieutenant, en signe de Seigneurie ; de faire maintenir la Dédicace d'icelle Eglise & Paroisse, y faire danser & menestrauder .... & à toutes autres authorités & prééminences temporelles en icelle Eglise : même d'être présent, son Bailli, ou Lieutenant, à l'assiette & recollement des aydes qui nous sont accordées.*

Guyot, en son Traité des Fiefs, atteste que les dispositions de cet article de Coutume, ont fait la base & fondement de plusieurs Arrêts célébres rendus au Parlement de Paris ; & que l'on doit s'y arrêter comme formant le droit commun de l'Artois & du Ponthieu, ainsi que toutes les Provinces qui les environnent, lesquelles en effet présentent autant de Coutumes Vicomtieres.

L'un de ces Arrêts, du 14 Juillet 1714, rendu en la première Chambre des Enquêtes, au rapport de Me. Laurenchet, a maintenu le sieur de Beaurains, Conseiller au Conseil Provincial d'Artois, » dans le droit de se dire & de se qualifier SEUL Seigneur- » Justicier, Foncier & Vicomtier du Village de Savie, & comme

» tel , Seigneur temporel et réputé Fondateur de l'Eglise
» dudit Savie ; en conséquence, qu'il continueroit, en cette qua-
» lité, d'être recommandé par les Curés du Village de Savie,
» dans les prières publiques du Prône ; que les comptes de la Fa-
» brique lui seroient présentés suivant & conformément au Pla-
» card du 1 Juin 1587, & continueroit aussi de jouir de tous les
» autres droits honorifiques «. Cet Arrêt au surplus fait défenses
au sieur Lallart (qui étoit la Partie adverse) Seigneur du grand
Berlette, de l'y troubler : » ordonne que les Armoiries de Thé-
» rese de Genevieres, posées en 1690, sur une vitre du chœur
» de ladite Eglise, & l'acoudoir en forme de banc, placé dans le-
» dit chœur du côté de l'Evangile, en la même année, seront
» enlevés : fait en outre défenses audit Lallart & à son Lieute-
» nant, d'aller les premiers aux Processions & aux Offrandes, ni
» de se faire donner les premiers l'Eau-bénite, & le Pain-béni,
» ni de prétendre aucunes prééminences de cette nature, lesquelles
» appartiendront & seront données par les Curés audit de Beau-
» rains & à son épouse, leurs successeurs Seigneurs & Dames
» dudit Savie, & en leur absence, à leur Bailli ou Lieutenant,
« comme premier Officier de Justice, &c.

* Chap. 5. de
ses Observat.
pag. 26.

Guyot, rapportant cet Arrêt, le fait précéder d'un détail, pour
étayer ses principes ; il observe * que le sieur de Beaurains étoit
Seigneur de Savie où étoit l'Eglise ; que le sieur Lallart, Seigneur
de Berlette, opposoit des inscriptions aux cloches, & des armes
aux vitres ; mais que cela ne suffisoit pas en Artois, contre un
Seigneur du territoire, qui avoit pour lui l'art. 29 de la Coutume
de Lille, qui fait le droit regnant en Artois. Plus bas, à la suite
de ce même Arrêt, l'Auteur ajoute cette note : *que la disposition
précise de cet Arrêt, qui répute Fondateur le Justicier Vicomtier,
est fondée sur l'art. 29 de la Coutume de la Salle de Lille, qui fait
l'usage de l'Artois & de la Flandre ; que le sieur de Beaurains y
concluoit expressément.*

§ Tom. 7.
ch. 5. p. 197.
& suiv.

Le second Arrêt rapporté par Guyot §, n'est pas moins décisif
en faveur des Seigneurs Vicomtiers, & cet Arrêt doit être, sur-
tout ici, de la considération la plus importante par son analogie
à la cause, puisqu'il est rendu en faveur d'un Vicomtier, précisément contre un engagiste, & encore, non pas un engagiste simple comme M. le Comte d'Egmont pour la Châtellenie d'Eperlecque, mais contre un engagiste vraiment à titre d'inféodation,
à qui les droits de la haute Justice ont été aliénés & concédés avec
ceux honorifiques ; voici l'espèce : la Paroisse d'Hallencourt, dans
le Ponthieu, est composée, comme celle d'Eperlecque, de plusieurs
fiefs ; le Comte de Verton en a deux, dont l'un, ainsi que celui
de Lhoir au sieur le Roy à Eperlecque, a été repris anciennement avec le nom ou surnom du Village. En 1702, le Roi ayant
porté un Edit par lequel il ordonnoit, qu'en exécution de celui
de 1695, il seroit procédé à l'aliénation des Justices & Seigneuries
dépendantes

dépendantes des Prévôtés, Vicomtés, Châtellenies & Vigueries Royales, *avec les droits de patronage, de pêche, de chasse, institution d'Officiers, &c.* le sieur Briet se présenta pour acheter la haute Justice d'Hallencourt; le Comte de Verton y forma opposition, 1°. sur le nom & la qualité de Seigneur d'Hallencourt; 2°. pour la police, le planti des rues, voyes & chemins; 3°. pour la connoissance des affaires civiles, criminelles & de police, telles qu'elles peuvent compéter à un Seigneur Vicomtier; 4°. pour les droits honorifiques dans l'Eglise; 5°. & enfin, pour le droit de chasse.

Nonobstant l'opposition du Comte de Verton, il fut passé outre à la vente en faveur du sieur Briet, le 5 Juillet 1703, avec la clause de non-préjudice à la Justice Vicomtiere du Comte de Verton, telle qu'elle pourroit le concerner.

Le sieur Briet, aussi-tôt son adjudication, fit sommer le Curé d'Hallencourt, de lui déférer les honneurs de l'Eglise par préférence au Comte de Verton.

Opposition & prise de fait & cause du Curé d'Hallencourt par le Comte de Verton: l'affaire portée aux Requêtes du Palais, il s'y éleva six chefs de contestations: en premier lieu, sur la qualité de Seigneur; en second lieu, sur l'exercice de la police pour les fruits & profits des rues, voyes, chemins, frocs & slégards de la Paroisse; en troisiéme lieu, pour la connoissance des affaires civiles & criminelles; en quatriéme lieu, pour le droit de chasse, & en sixiéme lieu, sur la question de sçavoir si l'assistance aux comptes de la Fabrique appartenoit aux Officiers de la haute-Justice ou à ceux de la Justice Vicomtiere.

Sur ce, Sentence du 17 Juillet 1710, qui décide chaque chef en faveur du Comte de Verton, & lui attribue nommément les honneurs de l'Eglise préférablement au sieur Briet.

Le sieur Briet appella de cette Sentence: les choses en resterent-là jusqu'en 1733, qu'un incident réveilla l'affaire; alors les procédures furent reprises & mises en état par les successeurs de l'une & l'autre des parties.

Le tuteur du fils du Comte de Verton, insista sur la qualité de Seigneur du lieu, & soutint que la Justice Vicomtiere de son pupille lui donnoit plus d'extention & d'attribution que n'avoit la haute Justice; qu'en effet il appartenoit à cette Justice Vicomtiere de connoître du sang & du larron, c'est-à-dire, de l'homicide simple & du vol; que la Coutume de Ponthieu sur cela étoit également expresse, comme celle d'Artois, & que ce droit étoit le même dans toutes les Coutumes qui admettent les Justices Vicomtieres; qu'il s'ensuivoit qu'il n'y avoit pas de cas qui emportât peine de mort, qui fut réservé au seul haut-Justicier, puisque la connoissance du crime de lèze-Majesté divine & humaine, n'appartenoit qu'aux Juges Royaux; qu'en outre, la connoissance des matieres civiles en tous genres, concernoit le Vicomtier, à l'exclusion

L

même du haut-Justicier ; que c'est devant le Vicomtier, que se portent les affaires de Police & toutes celles qui intéressent les biens & l'état des personnes, jusqu'aux tutelles & curatelles ; que ce pouvoir du Vicomtier, de connoître de toutes les affaires de police & des affaires civiles de quelque genre ou espèce que ce soit, étoit de droit commun dans toutes ces Coutumes qui reconnoissent les Justices Vicomtieres ; qu'il résultoit de-là que cette Justice méritoit toute faveur, distinction & prérogative ; que de l'autre côté rien n'étoit si imparfait que la Seigneurie dont se prévaloit le sieur Briet ; que personnellement il n'avoit nul droit au fief ; que la Justice dont il étoit décoré à titre de finance, n'étoit pour lui qu'un nom sans pouvoir, & qu'il n'y avoit matiere & nul moyen à pouvoir jamais le réaliser ; qu'au surplus, il n'étoit pas moins certain, dans le fait & l'exacte vérité, que le haut-Justicier ne peut prétendre à la connoissance des cas de la moyenne & basse Justice, que quand la moyenne & basse Justice ne se trouvoient pas dans une autre main ; que l'art. 12 de la Coutume générale d'Artois accordoit au haut-Justicier, à la vérité, la connoissance de tous les crimes, mais que cet article exigeoit pour cela que le haut-Justicier eût sous sa main tout le fief sur lequel s'étend sa haute Justice, car autrement s'il se trouvoit en concurrence avec le moindre Vicomtier, pour lors le Vicomtier l'emporteroit ; qu'en effet, ce seroit à lui que la connoissance du sang & du larron, ainsi que celle de toutes les affaires civiles & de police compétroient à l'exclusion du haut-Justicier, suivant & conformément à l'article 4 de la même Coutume.

Touchant l'objet de l'attribution des droits honorifiques , le tuteur du jeune Comte de Verton se fondoit sur deux moyens principaux, tous les deux pondérans & décisifs ; le premier résultant de la qualité de Fondateur & de bienfaiteur ; le second de l'assiette & situation de l'Eglise dans l'étendue du fief de la Justice Vicomtiere : on disoit que la qualité de Fondateur & de bienfaiteur de l'Eglise fut attributive des droits honorifiques, il n'y avoit sur cela aucun doute ; qu'il ne s'agissoit que de jetter les yeux sur l'art. 13 de l'Ordonnance de 1539 ; mais que l'on avoit d'ailleurs tant de Coutumes précises sur ce point, entr'autres celles de Lille art. 29, de Tours art. 60 , de Loudonois art. 2 du chap. V , &c...... sur le moyen tiré de la situation de l'Eglise, on alléguoit qu'il suffisoit de recourir à la Coutume de la Salle de Lille, qui, à ce sujet, porte une disposition bien précieuse dans la contestation qu'il s'agissoit ; que cette Coutume décidoit formellement, que quand quelques prérogatives sont prétendues par le haut-Justicier sur le Vicomtier, ou par le Vicomtier sur le haut-Justicier, que c'étoit la position & la situation du fief qui en faisoit la décision ; que si le droit revendiqué est dans l'étendue du fief Vicomtier, c'est celui-ci alors qui a la préférence sur le haut-Justicier, & dans le cas contraire, que c'est le haut-Justicier qui eſt préféré. Enfin, l'on inféroit de tous ces principes, que le droit étoit en faveur du jeune Comte de Verton, quand même il eût eu affaire contre un haut-Juſticier qui auroit eu la Juſtice à titre patrimonial; mais qu'il n'avoit à combattre que contre un engagiſte, & que c'étoit perdre vraiment ſon temps que de s'arrêter à diſputer du titre d'une Seigneurie & de ſes attributions avec un adverſaire de cette qualité; que les maximes, en matiere d'engagement, étoient immuables, & que rien n'étoit ſi important que d'en conſerver l'uſage dans toute ſa pureté, l'engagiſte ne pouvant ſe dire Seigneur du Domaine engagé, ſans y ajouter le titre de l'engagement, & encore, que pour ſe dire & ſe qualifier Seigneur, il falloit qu'il y eût inféodation & que le titre autoriſât cette qualité.

Le fils du ſieur Briet ne répondoit à tant de moyens victorieux, qu'en oppoſant ſon contrat, & ſoutenant au ſurplus que le Comte de Verton n'avoit dans Hallencourt que deux fiefs, l'un connu ſous la dénomination de fief du Collége des Chollets, qu'il étoit peu intéreſſant & peu relevant que ce fief ſe ſoit trouvé repris anciennement dans un rapport du 27 Août 1417, avec la déſignation de *Fief & Bois d'Hallencourt;* que ce fief, non-plus que le ſecond, ne pouvoient donner au Comte de Verton l'univerſalité du Village. Et quant à l'objet de l'honorifique, le ſieur Briet ſoutenoit que ce droit étoit inſéparable de ſon contrat, qu'il étoit acquéreur de haute Juſtice & de tous les droits & attributions qui en dépendoient, que le Roi étant vraiment Seigneur & le ſeul Seigneur haut-Juſticier de tout Hallencourt, qu'il s'enſuivoit que toutes ces attributions étoient paſſées en lui, en conformité & en exécution de ſon engagement, &c.

L'affaire ainſi diſcutée, intervint Arrêt le 12 Juin 1739, *qui maintient & garde* SEUL *le Comte de Verton au droit & poſſeſſion de ſe dire & de ſe qualifier Seigneur d'Hallencourt, fait défenſe audit Briet de l'y troubler, & de prendre ladite qualité; ordonne qu'elle ſera rayée des actes où lui ou ſon pere peuvent l'avoir priſe: Permet à Briet, en conſéquence de l'adjudication faite à ſon pere le 5 Juillet 1703, à titre d'inféodation & de propriété incommutable, ſuivant l'Edit du mois d'Août 1702, de prendre la qualité de Seigneur haut-Juſticier d'Hallencourt....... Maintient & garde le Comte de Verton en qualité de Fondateur de l'Egliſe d'Hallencourt* (Coutume de la Salle de Lille, art. 29,) *au droit & poſſeſſion des prières nominales, eau-bénite, pain-bénit, proceſſion, offrande & autres droits honorifiques, par préférence audit Briet, dans l'Egliſe d'Hallencourt: Ordonne que ledit de Verton aura dans l'Egliſe ſa lite & ceinture funèbre au-deſſus de celle dudit Briet; & ledit Briet, comme Seigneur haut-Juſticier, la ſienne en dehors de l'Egliſe au-deſſus de celle dudit de Verton, &c.*

Point d'Arrêt dont les diſpoſitions ſoient autant remarquables & autant analogues au fait & aux circonſtances de la cauſe dont il s’agit ici : cet Arrêt décide formellement que la qualité de Seigneur indéfiniment, de même que celle de Patron, Fondateur, appartiennent au Seigneur Vicomtier quand son domaine ou ses mouvances abordent le terrein du cimetiere & de l’Eglise, & tel est le vœu & l’esprit de nos Coutumes, appellées Vicomtieres : il n’est besoin que de recourir aux dispositions de celle de la Salle de Lille, qui forme sur cela le droit commun, le droit regnant, tant du Ponthieu, de l’Artois & de la Flandre, que de toutes les autres Coutumes Vicomtieres.

Au surplus, il est encore à observer, qu’il n’y a pas de parité, point de concurrence, & qu’il ne peut même jamais y en avoir, entre un Seigneur propriétaire tel que le Comte de Verton & un engagiste, quoi qu’à titre d’inféodation comme l’étoit le sieur Briet ; l’un a des droits certains, au lieu que l’autre n’a qu’une possession factice, temporaire & passagere : Importe peu que sa concession ait trait aux attributs de la haute Justice & des droits en dépendans ; la position d’un tel possesseur est toujours défavorable, en vain & ridiculement cherchoit-il à s’assimiler à un propriétaire.

Maintenant il ne nous reste plus que le parallèle à faire du Comte de Verton & du sieur le Roy, par rapport à leurs droits & à leurs Seigneuries, & ce parallèle se présente ici tout naturellement : comme le Comte de Verton, le sieur le Roy a affaire à un engagiste, mais à un engagiste bien moindre en qualité & bien différent dans son espèce du sieur Briet, à qui Sa Majesté avoit vendu, concédé avec titre d’inféodation & en vertu d’une loi expresse, la haute Justice avec tous les droits & attributions aussi loin qu’ils pussent s’étendre, au lieu que le sieur le Roy n’a à lutter & à combattre ici que contre un simple engagiste, ou pour parler plus clairement & plus intelligiblement, que contre un vrai antichrésiste, à qui même il étoit de toute impossibilité, ainsi qu’on l’a dit & démontré dans le commencement de ce Mémoire, d’attribuer & de concéder autre chose que le simple utile ou la simple perception des fruits. Au surplus, il est à considérer encore que le haut Domaine au Roi dans Eperlecque, ne porte pas, comme à Hallencourt sur toute la Paroisse & le territoire, mais à peine sur le tiers ; & en effet, sur l’unique partie ou portion de ce qui s’appelle dans ce Village, la Châtellenie, & qui ne forme pas en mouvance immédiate & directe la huitiéme partie seulement du territoire, ce qui démontre que la position du sieur le Roy ici, & relativement à ses fiefs & ses Seigneuries, est infiniment plus favorable, infiniment au-dessus que ne l’étoit celle du Comte de Verton, relativement à leurs adversaires & à leurs intérêts respectifs : Le sieur le Roy en effet dans Eperlecque a ses mouvances qui s’étendent de toute part, & intéressent un chacun ; il n’est pas jusqu’à l’Eglise Paroissiale qui ne soit redevable de ses possessions & de tout son temporel, à la faveur & à la protection

marquée

marquée de ſes auteurs, autrement dit, des propriétaires de ſes quatre Seigneuries: oui cette Egliſe Paroiſſiale d'Eperlecque tient & poſſede, d'abord deux fiefs dans les mouvances du ſieur le Roy, l'un dans la directe de ſa Seigneurie de Lhoir-d'Eperlecque & l'autre dans celle de Nort'hout-weſtrove, ainſi la voilà donc vaſſale & à double titre vaſſale du ſieur le Roy? Comment eſt-il poſſible que dans des circonſtances ſemblables, le ſieur Curé d'Eperlecque, oubliant ce qu'il devoit à ſon Egliſe, & en même-temps ce que cette Egliſe devoit, au moins par gratitude & re-connoiſſance à ſon Seigneur, il ſe ſoit prêté, comme il a fait, à ſervir les vues des gens d'affaire de M. le Comte d'Egmont, en donnant les mains à l'intruſion des trois bancs à la fois dans le nouveau chœur de ſon Egliſe, en mépris & en dériſion des pro-pres droits du ſieur le Roy, & des attributions de ſes Seigneuries & Juſtices? Le ſieur le Roy n'auroit pas de peine à faire voir & établir ici, que l'Egliſe d'Eperlecque, par le propre fait du Curé, encoure la félonie & par conſéquent la commiſe de ſes deux fiefs. Voilà l'extrême auquel l'on ſe porte, faute de réflexion ; le Curé n'a pas preſſenti la choſe vraiſemblablement , mais du moins il devoit enviſager que le fait, auquel il ſe livroit avec les gens d'affaire de M. le Comte d'Egmont, pourroit juſtement indiſpo-ſer le ſieur le Roy contre lui-même & contre ſon Egliſe, Egliſe, encore un coup, qui eſt redevable de tout ſon domaine & de tout le temporel qu'elle tient, qu'elle poſſede, & dont elle com-poſe annuellement ſon revenu, aux bontés des prédéceſſeurs du ſieur le Roy ; car ce n'eſt pas ſeulement deux fiefs que cette Egliſe tient dans les mouvances & directes des Seigneuries du ſieur le Roy, mais quantité de rotures encore, qui conſtituent un revenu même conſidérable : en ouvrant le grand Terrier, le Terrier gé-néral des Seigneuries dont il eſt ici queſtion, nous trouvons que l'Egliſe d'Eperlecque poſſede d'abord les deux fiefs dont nous venons de parler, qui forment les art. 884. & 1095. & qu'elle a en outre en rotures ceux 666. 704. 735. 737. 825. 858. 874. 1110. & 1128 ; que la Pauvreté de la même Egliſe, tient & poſſede également dans la directe de ces mêmes Seigneuries, les art. 687. 688. 869. & 1062.

Ainſi, le ſieur le Roy joint donc au titre de Seigneur, & à celui de Patron, Fondateur de l'Egliſe d'Eperlecque, celui en-core & bien inconteſtablement, de Bienfaiteur & Protecteur de tous ſes biens & revenus, en un mot, de tout ſon temporel. Cer-tainement le Comte de Verton ne ſe trouvoit pas dans un pré-dicament, à beaucoup près, auſſi heureux, auſſi favorable vis-à-vis du ſieur Briet ; il n'avoit que deux fiefs, deux Seigneuries dans la Paroiſſe d'Hallencourt, & le ſieur le Roy en poſſede quatre dans Eperlecque : ſi l'un de ces deux fiefs ou de ces deux Seigneuries au Comte de Verton, s'eſt trouvé avoir la dénomi-nation du Village par un ancien rapport que l'on date de 1417,

le fieur le Roy a bien mieux ici, puifque l'une de fes Terres, ou
de fes Seigneuries, fe trouve dénommée de même par nombre de
titres également anciens, dont les plus confidérables font produits fous les cottes G. H. & I. l'un de ces titres porte date de
1468; l'autre, de 1473; un troifiéme, de 1484; & enfin un quatriéme, de 1532 : inutile, ce femble, après cela, d'en dire davantage.

Cependant nous avons à remplir la tâche que nous nous fommes impofée, de mettre tout dans un tel degré d'évidence, qu'il
ne reftât plus rien à defirer, ni rien à dire : il nous faut, pour
cela, parler d'un troifiéme Arrêt, pareillement cité par Guyot;
c'eft celui concernant la Terre de Blendecque, rendu au mois
d'Août 1743, en faveur des Dames de Sainte-Colombe dudit
Blendecque, contre le fucceffeur de Robert de Lens, engagifte
de cette Terre, & engagifte non-feulement avec titre d'inféodation, mais de plus avec conceffion formelle, expreffe, & même
la plus expreffe & la plus étendue que l'on puiffe voir pour l'honorifique, l'adminiftration des comptes de la Fabrique, & ceux
de la Pauvreté ; indépendamment de tout cela, le fucceffeur de
Robert de Lens, a échoué. Les Dames de Sainte-Colombe de
Blendecque ont obtenu généralement leurs demandes, quoiqu'elles n'euffent qu'un petit fief dans le Village, qui leur a été donné
anciennement par un certain Gerard de Pennes, lequel fief, lors
de cette donation, étoit plat, c'eft-à-dire, fimple, mais il fut érigé
en Fief Seigneurial par un Comte de Flandre, & s'eft trouvé
avoir un domaine ou des tennemens abordans le cimetière &
l'Eglife Paroiffiale de Blendecque. Les Dames de Sainte-Colombe
fe font prévalues victorieufement de cette circonftance, & ayant
fait ufage des difpofitions expreffes de l'art. 29. de la Coutume de
la Salle de Lille, cela leur a fuffi. Voici le difpofitif de l'Arrêt :
„ La Cour, faifant droit fur le tout, en tant que touche l'appel
„ du Comte de Blendecque, fans avoir égard à fa demande à fin
„ d'être maintenu & gardé dans les droits honorifiques de l'E-
„ glife Paroiffiale dudit Blendecque, que défenfes fuffent faites
„ aux Religieufes de Sainte-Colombe de Blendecque, de s'arro-
„ ger le titre de Dames, Patrones & Fondatrices de l'Eglife ; au
„ Curé & à tous autres, de leur accorder les honneurs, à peine
„ de mille livres d'amende.... a mis & met l'appellation, & ce
„ dont eft appel, au néant, le condamne en l'amende : faifant
„ droit fur l'appel defdites Religieufes, a mis & met l'appellation
„ & ce dont eft appel, au néant ; émendant, maintient & garde
„ lefdites Abbeffe & Religieufes dans le droit de haute, moyenne
„ & baffe Juftice fur le cimetière & l'Eglife, & de jouir SEULES
„ des honneurs de l'Eglife, d'adminiftrer les comptes d'icelle, &
„ de la Pauvreté & Charité.... &c.

Cet Arrêt, dit Guyot, eft felon les principes : il décide que les
Dames de Blendecque ayant la Juftice, foit haute, foit moyenne,

abordant le terrein du cimetière & de l'Eglise, étoient de-là ré-
pûtées Fondatrices, suivant l'esprit, le vœu & les dispositions
expresses de l'article 29 de la Coutume de la Salle de Lille ; qu'il
est constant dans le Droit, qu'un haut-Justicier dans la Paroiffe, qui n'est ni Patron, ni haut-Justicier du sol de l'Eglise, ou
en étant le haut-Justicier, mais se trouvant en opposite avec un
Seigneur Vicomtier qui le seroit du sol de l'Eglise, ce haut-Jufticier ne pourroit dans ce cas avoir, ni ne pourroit prétendre les
honneurs *. Le même Auteur nous dit & nous apprend encore
à la suite de l'Arrêt des Dames de Blendecque, que si la possef-
sion dont elles se prévaloient, leur a été de quelque utilité, ce
n'a pu être que parce qu'étant réputées, de droit, Fondatrices,
suivant l'art. 29 de la Coutume de la Salle de Lille, elles avoient
par-là droit aux honneurs ; & non pas par le mauvais principe
(ajoute l'Auteur) de Goffon & de Maillard, tous deux Com-
mentateurs de la Coutume générale d'Artois, que la possession
sert beaucoup à acquérir ces honneurs, sans vouloir distinguer
ceux qui peuvent y avoir droit ou non ; car, continue de dire
Guyot, dans ces matieres la possession n'est rien, & n'acquiert
rien, & *hæc constantissimè vera sunt.* Ce sont ses propres expref-
sions, ajoutant & affurant de plus, que cette possession ne peut
être utile, suivant nos meilleurs Auteurs, qu'à ceux qui, n'ayant
ni Patron, ni haut-Justicier au-deffus d'eux, ou du moins se trouvant n'avoir que le Roi pour haut-Justicier & Seigneur dominant, ils font sensés les seuls Seigneurs ; & en effet, les droits
de Sa Majesté ne se perdant jamais par la possession des autres,
c'est dans ce cas seulement que ces Seigneurs particuliers peuvent acquérir ou se maintenir dans les honneurs par la possession.
Il faut dans ces matieres, recommande Guyot, toujours aller aux
principes, & ne jamais les perdre de vue.

En vain, après tant de vérités, nous étendrions-nous davantage ; il doit être à présent démontré, & plus que démontré, que
ce n'est que difficultés chétives, malheureuses & honteuses, que
l'on fait naître & que l'on oppose au sieur le Roy, non pas directement de la part de M. le Comte d'Egmont, qui ignore certainement le vrai de ce qui se paffe, mais de la part de ses gens
d'affaire : cependant nous ne pouvons nous en prendre qu'à lui ;
par-tout c'est son nom qui paroît ; tous les faits, tous les actes de
violence, & ceux d'autorité, font sous son nom & sous l'emprunt
des fauses qualités qu'on lui donne : il les souffre, cela suffit,
& il devient par-là le garant & le responsable du fait de tous
ses gens.

C'est bien un malheur, que M. le Comte d'Egmont défere si
facilement au caprice de ses gens, les laiffe les maîtres de se com-
porter comme ils l'entendent, & n'ose les contredire, pas même
quand il s'apperçoit qu'ils font mal : cela est d'autant plus malheureux, qu'il est incapable par lui-même de faire peine à qui que

Marginal note: * *Art.* 2 *de la Coutume du Bailliage de S. Omer.*

ce soit ; il a le cœur le meilleur & le plus droit : le sieur le Roy auroit à se reprocher, si, avant que d'entrer en affaires avec lui, il n'eût mis en œuvre tous les moyens imaginables pour les éviter. Il s'est adressé au sieur Bellot, son Secrétaire ; lui a écrit plusieurs fois, en lui exposant les difficultés dans lesquelles l'on alloit entrer ; que ce seroit forcément & à regret, si n'étant pas possible de concilier les choses amiablement ou par la voye d'arbitres, il entroit en procès contre un Seigneur qu'il respectoit autant, & pour lequel il se sentoit les plus vifs sentimens d'attachement. Le sieur Bellot répondit aux lettres du sieur le Roy, parut sensible à ses bons procédés, & à sa façon de penser & d'en user ; l'assura que son Maître lui rendroit justice : mais promesses frivoles, & c'est tout ce qui en est résulté. Le sieur le Roy, se voyant le jouet du sieur Bellot, prit le parti à la fin de s'adresser directement à M. le Comte d'Egmont : il ne dissimulera pas, qu'en lui écrivant & s'adressant à lui-même, il en attendoit & espéroit plus de justice. La lettre qu'il lui écrivit le 18 Novembre 1768, concernoit le fait des trois bancs placés à la fois, & d'autorité, dans le nouveau chœur de l'Eglise Paroissiale d'Eperlecque, l'affectation & l'indécence qui en résultoit : cette lettre concernoit en même-temps l'action dirigée sous le nom de M. le Comte d'Egmont, au Conseil d'Artois ; la Cour peut jetter les yeux sur sa copie que l'on a conservée (*m*), & la réponse (*n*)

(*m*) Lettre écrite à M. le Comte d'Egmont le 18 Novembre 1768.

Monseigneur, je viens de m'occuper de ma propre défense dans une affaire nouvelle que l'on me suscite sous le nom de votre Altesse, pour des droits sur la Terre d'Eperlecque ; la difficulté, selon toute apparence, va devenir sérieuse & intéressante, sur-tout par la production des titres que je serai obligé de faire, & les connoissances que je serai forcé de donner, afin de contraindre vos Receveur & Gens d'affaire à se renfermer dans les bornes de l'engagement que vous tenez : il en coûte à ma façon de penser d'en venir à cet extrême, mais c'est une nécessité : M. Anselin a permis & autorisé de faire construire trois bancs très-amples & très-complets pour le nouveau Chœur de l'Eglise Paroissiale d'Eperlecque, que l'on a placés à demeure ; l'un, dit-on, pour le sieur Gosse, votre Receveur à Saint-Omer, sa femme, enfans & amis ; le second pour de prétendus Officiers & pareillement leurs femmes & enfans ; & le troisième pour servir aux Bedeaux & Pourchasseurs de l'Eglise. M. Anselin n'a nullement consulté, sur un fait de cette nature, ni la droite raison, ni la décence, & bien moins encore quels pouvoient être mes droits ; il n'a pas voulu seulement y entendre : Il ne peut pas ignorer cependant que les Seigneuries que je tiens à Eperlecque, sont les plus considérables en mouvances ; & de plus, qu'elles ont & comprennent dans leurs tennemens, à bien peu de chose près, tout le tour & contour du cimetiere & de l'Eglise. J'ai été contraint, Monseigneur, d'après un procédé tel que celui que j'éprouve de la part de votre Intendant, de me pourvoir au Bailliage de Saint-Omer, mais j'ai affecté de n'y attaquer que le Curé d'Eperlecque ; M. Anselin a cru m'obliger à faire diversion en m'attaquant de suite & sous le nom de Votre Altesse, au Conseil Provincial d'Artois ; mais cela ne m'a pas empêché d'obtenir hier Sentence au Bailliage de Saint-Omer, qui ordonne d'en revenir avec Votre Altesse ; néanmoins, par provision, fait défense de se servir des bancs dont il s'agit : à l'égard de la seconde affaire qui vient d'être entamée au Conseil Provincial d'Artois, obligé d'y défendre, je viens de le faire ; & précisément demain je fais partir le paquet : il ne dépendra pas de moi que l'on ne hâte toutes choses : Je desirerois cependant, Monseigneur, & très-sincérement, que vous voulussiez faire examiner par vos Conseils les objets contentieux ; je ne demande ni grace, ni faveur : je ne reclame au contraire que la justice de mes droits pris & examinés dans la plus grande rigueur.

qui y fut faite, d'après laquelle il n'eft plus poffible de douter que M. le Comte d'Egmont ne ferme les yeux volontairement à la vérité ; il n'écoute que fes gens d'affaire, & ne croit qu'eux, qui, tous également intéreffés à ne pas lui laiffer voir clair fur fes propres intérêts, lui fafcinent les yeux, & le tiennent dans une ignorance profonde de fa vraie pofition & fituation, fur l'objet notamment d'Eperlecque : ils fe gardent bien, en effet, de lui dire & de lui apprendre qu'il n'eft qu'engagifte, & que fimple engagifte de ce qui eft Domaine au Roi dans ce Village, & que cet objet ne concerne que la Châtellenie ; mais ils lui font croire au contraire que tout eft à lui & en pleine propriété ; qu'en un mot, il eft le feul Seigneur dominant, le feul haut-Jufticier & Vicomtier de tout le Village, Paroiffe & territoire ; qu'il doit par conféquent s'attribuer tous les droits généralement, fans fouffrir, ni admettre de concurrent. C'eft d'après ces fauffes impreffions fur le meilleur des Maîtres, qu'ils parviennent à faire canonifer leur conduite, qu'ils lui font approuver généralement tous les actes d'entreprife, les voyes de fait, & les actes d'autorité qu'ils commandent ou exécutent dans ce malheureux Village ; actes d'autant plus crians, & d'autant plus repréhenfibles, qu'ils portent directement & indiftinctement fur les droits du Seigneur Roi & fon Domaine ; comme fur ceux de fes propres vaffaux, féodaux & hommagers, fans même en excepter les droits des Seigneurs particuliers & voifins de l'endroit.

Mais cette conduite téméraire & blâmable, va éprouver de la Juftice de la Cour, & de la févérité de fes Jugemens, le fort qui l'attend depuis fi long-temps : les chofes avoient befoin d'être expofées au grand jour, comme elles le font actuellement ; & c'eft maintenant à la Partie publique, à l'Homme du Seigneur Roi, chargé par état de veiller à la confervation du propre Domaine de la Couronne, chargé en même-temps de protéger, défendre & de garantir les vaffaux & féodaux de Sa Majefté de l'oppreffion des intrus, ou pour parler plus jufte encore, de l'efpèce de tyrannie des Officiers & gens d'affaire de M. le Comte d'Egmont, à venger la caufe des uns & des autres : Son miniftère

Du refte, Monfeigneur, j'ofe vous fupplier de vouloir être perfuadé de mon attachement refpectueux, que je conferverai tant que je vivrai, & que rien ne fera capable d'altérer. Je fuis très-refpectueufement, Monfeigneur, de Votre Alteffe, le très-humble & très-obéiffant ferviteur, figné, Le Roy du Prev.

(n) La réponfe datée de Paris du 24 du même mois de Novembre 1768, paroît être du ftyle & de la main du fieur Bellot, mais fignée de M. le Comte d'Egmont : la voici.

M. Anfelin, Monfieur, n'a rien fait fans mes ordres. Il a agi en mon nom, parce que je lui en ai donné le pouvoir. Je crois que vous n'avez pas affez réfléchi fur les conféquences de l'affaire que vous entreprenez ; les meilleurs Avocats de Paris affemblés, ont décidé unanimement que mes droits étoient inconteftables, & que vous étiez mal fondé dans votre prétention. Je fuis donc fort déterminé à foutenir mes prérogatives & à me pourvoir par tout où befoin fera, pour les faire valoir : Je fouhaite que vous faffiez de nouvelles réflexions fur vos démarches. Je fuis, Monfieur, votre très-humble & très-obéiffant ferviteur, Le Comte d'Egmont.

[50]

toujours pur , toujours ferme & inébranlable , ne peut qu'ê
animé du noble zèle de faire rentrer tout dans l'orde & dans
devoir.

Le Roy du Prey.

Mon*fieur*   Commi*ff*aire.

M. MALUS, Procureur du Roi.

MARTEL, Pr

MAUROY, Proc.